HISTORIQUE DE LA GUERRE

Fascicule n° 1

PAR

Ferdinand BAUDOUIN

Ancien Officier de Réserve
Juge de paix à Ruffec, Maire de Couture-d'Argenson (2-Sèvres)
Officier de l'Instruction Publique

HISTORIQUE
DE
LA GUERRE

PAR

Ferdinand BAUDOUIN

Ancien Officier de réserve.
Juge de Paix à Ruffec, Maire de Couture-d'Argenson.
Officier de l'Instruction Publique.

SEIZIÈME PARTIE

Bataille de Blangy, près d'Arras.
Violent combat à La Boisselle.
Le sous-marin français « Saphir » coule dans les Dardanelles.
Les Russes poursuivent leur victoire contre les Turcs.
Des zeppelins allemands survolent quelques villes du littoral anglais et jettent des bombes.
Progression sensible des Français au nord-ouest de Beauséjour.
Violents combats à Hartmannsweilerkopf (Alsace).
Prise de Vorokhta (Bukovine), par les Russes.
Bombardement de Dunkerque par des avions allemands.
Nouveaux progrès des alliés dans la région de Lombaertzyde.
Des aviateurs anglais jettent des bombes sur des sous-marins allemands à Zeebrugge.
Capture d'un détachement bavarois à Emberménil.
Le monopole d'Etat des céréales est décrété dans l'empire allemand.

NIORT
IMPRIMERIE TH. MARTIN
Rue Saint-Symphorien

1915

HISTORIQUE DE LA GUERRE

17 JANVIER 1915

Nouveaux progrès des alliés vers Lombaertzyde. — Bataille de Blangy près d'Arras. — Combats à Orbey et au bois Le Prêtre.

Situation des armées sur le front occidental

Les opérations de guerre ont eu, hier, un regain d'activité sur les rives de la mer du Nord; les alliés ont profité d'un temps plus calme pour reprendre leur offensive au-delà de Nieuport et de Lombaertzyde, où dit même que les Allemands ont dû évacuer toutes les localités le long de la côte jusqu'à Mariakerke qui est toujours entre leurs mains. Notre artillerie a joué un certain rôle dans cette évacuation en détruisant le redan de la Grande-Dune.

De cette région jusqu'à Arras on ne signale que des combats d'artillerie. La fonderie de Blangy, au sud-est d'Arras a été le théâtre d'une lutte très violente, d'abord prise par les Allemands, nous l'avons reprise par une impétueuse charge à la baïonnette. C'est le principal fait d'armes de la journée d'hier.

Dans la région de Soissons, rien à signaler, dit le communiqué officiel. La bataille de Crouy-Soissons est donc pour les Allemands une victoire sans lendemain puisqu'elle n'a eu pour résultat que d'arrêter momentanément notre offensive aux prix d'une grande hécatombe de vies humaines. Décidément nos chefs d'armée ont raison lorsqu'ils disent que nous sommes maîtres de la situation sur l'ensemble du front. Nous pouvons être surpris par une brusque attaque, mais nous possédons les éléments suffisants pour la rendre inefficace.

A l'est de Soissons, nous avons repoussé deux attaques ennemies, à Beaune et à la sucrerie de Troyon.

Dans la région de Perthes-Beauséjour, nous avons continué à progresser, malgré le mauvais temps.

Dans les Vosges, malgré une abondante chute de neige, nous avons attaqué et refoulé l'ennemi à l'ouest d'Orbey.

La neige tombe toujours en Alsace et certaines de nos tranchées ont un demi-mètre d'eau. Le génie s'efforce de creuser des canaux d'écoulement d'eau, mais le résultat obtenu n'est que médiocre et l'eau s'écoule difficilement dans la terre glaise de cette région.

Il nous faut patienter et espérer que des jours meilleurs viendront lorsque la température sera plus clémente.

F. B.

Nouvelles diverses publiées par les journaux

— On annonce que neuf aviateurs alliés ont survolé Ostende et ont lancé des bombes sur la gare et les casernes qui ont été fortement endommagées.

— On annonce également que les Allemands envoient des troupes de renfort sur l'ensemble du front, dans le Nord et sur la ligne de l'Aisne. Ces troupes étaient concentrées au camp de Beverloo (Belgique), elles sont parties par des trains spéciaux. En outre, quatre divisions auraient été envoyées de Pologne en Alsace.

— Deux aviateurs suisses viennent d'offrir leurs services à l'armée française.

— Un journal allemand, le « Berliner Tageblatt », manifeste son étonnement de ce qu'à Prague (Bohême) les libraires mettent en montre des ouvrages français et les théâtres jouent exclusivement des pièces françaises.

En Russie. — Le dernier communiqué officiel fait connaître qu'un calme relatif règne depuis deux jours sur le front des troupes; que la région au nord de Rawa a été bombardée par de l'artillerie lourde; que les Autrichiens ont bombardé le front du Douanaietz, la gare et la ville de Tarnow sans causer beaucoup de dommages.

Il résulte de renseignements privés que le flanc gauche allemand est très menacé par l'avance russe dans le Nord de la Pologne.

Les Autrichiens viennent de subir une nouvelle défaite à Rodna, près de la frontière hongroise. Les Russes ont occupé des positions stratégiques d'où ils peuvent facilement envahir tout le district de Bistritz. Les pertes autrichiennes sont très élevées.

En Turquie. — Les Russes viennent de remporter une nouvelle victoire au Caucase, près d'Altin. L'armée turque du Caucase est virtuellement détruite.

Un télégramme de Bucarest annonce que les agents de l'autorité ottomane ont envahi le palais de l'ambassade russe à Constantinople, ils ont saisi les objets importants et les ont transportés dans une ville de l'Asie mineure.

Un complot organisé contre les autorités turques vient d'être découvert à Constantinople. De nombreuses arrestations ont été opérées.

En Italie. — La terrible catastrophe du tremblement de terre ne paraît pas porter atteinte aux préparatifs de l'Italie en vue de la guerre; les dames de la croix rouge viennent de recevoir les indications au sujet de l'endroit où elles doivent se rendre en cas de guerre.

On annonce de Vienne que des manifestations anti-italiennes ont eu lieu devant l'ambassade d'Italie, elles ont pris naissance dans les hautes sphères militaires et ont gagné la population.

Documents historiques, récits et anecdotes

La bataille de Soissons. — Notre première attaque, le 8 janvier, contre l'éperon 132 n'avait été qu'une offensive locale. Ce jour-là seules avaient pris part à l'action quelques compagnies françaises occupant la ferme de Saint-Paul. Le 9, le 10 et le 11, le combat se poursuivait autour du même point, avec des alternatives violentes d'avance et de recul, sans que rien toutefois fît prévoir autre chose qu'une lutte de tranchées.

Le 12, une de nos colonnes avait atteint le village de Crouy, d'où elle pouvait diriger un tir heureux contre la pente est de l'éperon, occupée par l'ennemi, lorsque brusquement, à onze heures du matin, un violent bombardement éclata sur la droite. En même temps, le plateau de Vregny se couvrait des flocons blancs des batteries allemandes. Mais les projectiles adverses n'étaient pas destinés aux assaillants de l'éperon. Les marmites tombaient sur les villages de Bucy, de Moncel et de Sainte-Marguerite, vers lesquels tous nos contingents de la plaine de Venizel marchaient en masses compactes.

Notre aile droite avait suivi le mouvement en avant sur la route de Chivres. A une heure, toutes nos forces se trouvaient massées sur la ligne Crouy-Missy. C'était la lutte générale, coûte que coûte. Un front de huit kilomètres, le long duquel les canons tonnent, les mitrailleuses claquent, les fusils crépitent. Les Allemands occupent en face de nous des positions formidables. Leurs obus nous arrivent en rafales. Ils tirent à l'abri. Quelques-uns de nos 75 qui ont tenté de prendre position vers le Moncel doivent pointer presque verticalement, comme s'ils chassaient le taube.

Nos pièces de campagne de la rive droite ne peuvent faire utile besogne. Seule, notre artillerie lourde, en place de l'autre côté de l'Aisne, peut répondre aux batteries de Vregny. Nos obusiers répondent splendidement, guidés par nos escadrilles d'avions, qui survolent le champ de bataille. La cavalerie elle-même est représentée par quelques pelotons de chasseurs qui sont arrivés au galop, dès le début de l'action.

Les ponts sautent. — Un duel d'artillerie au-dessus de la

plaine de Venizel, au-dessus de nos têtes. Nos obus franchissent l'Aisne, fouillent le plateau. A quatre heures, une explosion vers Vregny. Un de nos projectiles a fait sauter un parc à munitions. Une des batteries prussiennes se tait. Notre succès est de courte durée. La voie ferrée de Laon, par Anizy-le-Château, ravitaille l'ennemi sur le champ même du combat. Un de nos avions signale des trains adverses amenant des renforts. Il reçoit l'ordre d'attaquer. Le monoplan s'élève, plane, se rapproche, laisse tomber sur le convoi les bombes fulgurantes. Mais les mitrailleuses ennemies veillent. Les auto-canons se mettent de la partie, ronflent sur la route, à la chasse de l'oiseau français. Un projectile l'atteint. Les ailes blanches semblent capoter. Il est frappé à mort? Non, il se redresse. Mais il est frappé pourtant.

De nos lignes, on entend le moteur s'arrêter net. L'appareil descend mal. Il tombe plutôt qu'il n'atterrit au nord de Sainte-Marguerite. Une de nos sections doit sortir du village, aller de l'avant à la baïonnette. Le temps de détacher de son siège le pilote blessé, de le porter à l'ambulance. L'appareil ne vaut guère mieux, le réservoir est percé d'une balle. Les poignées de commande sont rouges du sang de l'homme.

Rien ne peut empêcher les renforts allemands d'arriver. Ils arrivent, sans arrêt et se massent au-dessus de nous. Pour les joindre, il nous faudrait gravir des pentes escarpées, battues par les shrapnells. Et sur ces pentes: des fossés, des kilomètres de fils de fer, peut-être des mines. Ils sont là-haut, inaccessibles. Et nous n'avons pour tout point d'appui qu'un talus de chemin de fer, une route. Comme abri des villages en ruines, Bucy, dont la moitié des murs sont écroulés, le Moncel qui sert de point de mire aux 77, Sainte-Marguerite dont les toits de chaume flambent. Comme chemin de retraite nous en possédons deux, le pont de Venizel et celui de Missy. Du moins, la chose était encore ainsi à quatre heures. Dix minutes plus tard, le passage de

Venizel n'existait plus. Le courant avait rompu les amarres et les barques s'en allaient à la dérive. L'eau montait toujours. A cinq heures, c'est le tour du pont de Missy. Nous sommes coupés de la rive gauche.

Demain! Demain! — Nos fantassins, depuis midi, n'ont pas cessé de tirer; les épaules sont meurtries par le recul de la crosse, les doigts sont brûlés par la chaleur de l'acier. Depuis midi, nos artilleurs ont manié leurs pièces. Après chaque bordée, il fallait se défiler en vitesse. Sitôt les quatre premiers coups, nos batteries étaient repérées. Où prendre position? Un terrain nu, une ferme en feu, une meule de paille. C'est tout.

Le soir est venu. Le duel se continue à coups de canon. Dans le ciel, les marmites sifflent, éclatent. Des fusées, des incendies. Du froid. Les motocyclettes des agents de liaison glissent sur la route. Des renforts! Envoyez des renforts! Mais la rivière monte, monte. Attendez que le pont soit rétabli! Le génie travaillera toute la nuit. Demain, il y aura sur la rive droite de l'Aisne des réserves fraîches. il y aura des balles dans les cartouchières. Il y aura aussi des ravitaillements. Ce soir, les lignards se sont contentés d'un morceau de biscuit, d'un peu de viande froide. La réserve du fond du sac.

Le colonel, commandant les batteries de campagne, réclame des boîtes à mitraille? Demain. Le médecin, chef des services de l'avant, a des blessés à faire évacuer sur l'arrière? Demain. Les pontonniers manœuvrent dans l'eau glacée. L'eau noire, traîtresse qui roule en torrent. Vers Venizel, impossible de rétablir un pont. L'Aisne n'est plus une rivière. C'est une mer. Vers Missy l'inondation est moindre. Le cours est moins large, mais plus violent. On va tenter quand même. Le salut d'une armée en dépend. Sur la rive droite, l'infanterie qui s'est battue tout le jour, travaillé toute la nuit. La pioche, la pelle. Des tranchées.

Le pont, rétabli dans la nuit, saute de nouveau. — Le jour se lève. Un 13. Mais s'il fallait être superstitieux à la

guerre!... Le pont de Missy est rétabli. Dix soldats du génie
ont eu les pieds gelés. Dix autres se sont noyés. Les renforts vont passer. Ils passent. Les munitions vont arriver.
Elles arrivent. Pas pour longtemps tout cela. A huit heures,
la liaison des deux rives était un fait accompli. A huit
heures vingt, un craquement. Le temps de crier sauve-qui-
peut. Le pont se vide en un instant. Les filins cassent. L'eau
se précipite. A nouveau isolés. Deux compagnies de réserve
ont à peine le temps de passer sur la droite de l'Aisne.
Cent obus. Il en faudrait deux mille.

Sous le feu, le service de santé fait évacuer une partie
des blessés les moins atteints, vers la ferme de Saint-Paul.

Des rafales de plomb, d'acier, de fer tombent sur notre
ligne. Les villages deviennent intenables. Il faut déboucher.
Notre gauche sort de Crouy et attaque pour la onzième fois
l'éperon 132. Victoire! Nous nous accrochons à la pente.
Nous décimons l'adversaire à coups de baïonnette, à coups
de crosse. Ménagez les cartouches! Il n'en reste plus que
cinquante par homme.

Notre centre sort de Bucy, de Moncel de Sainte-Marguerite. Les maisons ne sont plus que des ruines. En avant!
Mais ils sont trop, devant nous. Toute la première armée
allemande nous contre-attaque. C'est von Kluck, l'enfon-
ceur, l'homme au coup de bélier. Sur l'Aisne il veut prendre
la revanche de la Marne. Pas à pas nous reculons, mais
nous devons reculer. Nous rentrons dans nos ruines.

Notre droite tient.

Et les renforts allemands arrivent toujours. — Devant
nous, le flot ennemi augmente toujours. Il arrive par chemin de fer, à pied sur la route, en automobile. Il vient de
Laon, de Vervins, de Mézières. A trois heures, des contingents de la septième armée sont en vue. C'est von Heerin-
ger qui vient à la rescousse.

Des attaques. Des contre-attaques. Cent fois nous char-
geons, cent fois il faut replier sur les villages. Nous n'avons
pas avancé d'un mètre. Mais nous n'avons point reculé non

plus. Les cadavres ennemis s'entassent devant nos tranchées.

Tenir encore! Ordre de l'état-major. Deux nouveaux ponts ont été emportés. Et pourtant nos réserves sont massées sur la rive gauche. Elles attendent, superbes, impatientes. Notre artillerie lourde, de l'autre côté de l'Aisne, nous prête un merveilleux appui. Nous tenons. Nous tiendrons grâce à elle.

Deuxième nuit. Plus rien à manger. Un ravitaillement infime par Saint-Wast. Plus de balles, plus d'obus. Sommes-nous perdus? Non. L'ordre a brusquement couru dans l'ombre. Rassemblement. Le silence. Notre centre gauche se rabat sur l'aile gauche. Une arrière-garde tiendra l'éperon 132. La retraite sur Soissons est assurée de ce côté. De l'autre aussi, sur la droite. Le pont de Missy est rétabli, pour une heure, deux heures peut-être. Il faut faire vite, car déjà le jour vient. Le fort de Condé tonne et protège le recul. En bon ordre.

L'infanterie, en longues files, s'engage sur le passage. C'est l'aube du 14. L'ennemi a vu. Sa proie lui échappe. Du plateau de Vregny, les masses prussiennes dévalent. Devant Missy, une batterie de 75 fait face. Les dernières pièces restées sur la rive, les derniers obus. Les boîtes à mitraille partent quatre par quatre. Sous la protection de ces canons, l'armée échappe à l'écrasement. Nos projectiles abattent, fauchent. Il y a toujours des assaillants. Et nous n'avons plus rien dans les caissons. Encore vingt coups. Encore seize. Encore douze. Mais déjà il ne reste plus sur la droite de l'Aisne qu'une petite troupe d'infanterie française. Au moins, celle-là, l'ennemi veut la cerner, la détruire. Mais la batterie héroïque est là. Deux bordées à mille mètres, en plein dans les lignes prussiennes. Une compagnie à terre.

Et maintenant les quatre derniers projectiles. Pour les pointer, six hommes en tout. Les autres sont morts. Les canons, eux aussi, vont mourir. Les artilleurs survivants ont dévissé les freins. Tout à l'heure, en tirant leur dernier obus, les quatre pièces, que rien ne retient plus vont s'effondrer en arrière, se briser, se fendre et les Allemands qui veulent les capturer ne trouveront là qu'une ferraille hors d'usage.

Le chef resté debout, un tout jeune adjudant dont le bras vient d'être cassé par une balle, donne l'ordre du feu... Les quatre coups partent, les derniers. Avec eux s'en va l'âme des canons, qui dans un recul formidable vont s'écraser au bas de la pente...

L'armée a franchi l'Aisne.

Le 14 nos contingents de la boucle de l'Aisne avaient évacué progressivement les villages qui bordent les pentes méridionales du plateau de Vregny. Notre front, sur une longueur de huit kilomètres, se trouvait reporté deux mille mètres en arrière. La rivière que, jusque-là, nous avions à dos et qui était une menace permanente pour nos troupes, par le fait du peu de terrain en notre possession au nord de Venizel, allait redevenir, pour nos lignes, le grand fossé protecteur.

La nécessité de garder, en vue d'une offensive future, une tête de pont sur la rive droite de l'Aisne, nous invitait à maintenir notre extrême gauche dans les faubourgs de Soissons. Seul notre centre avait passé au sud de la rivière. Notre droite était venue renforcer nos grand'gardes de Missy, sous la protection des canons du fort de Condé.

Le 14 après-midi, après seulement que Bucy, le Moncel et Sainte-Marguerite eurent été évacués jusqu'au dernier homme, nos forces de Crouy abandonnèrent l'éperon 132. Le recul eut lieu pas à pas, dans un ordre parfait, le long de la voie ferrée. Sans laisser ni un cheval, ni un caisson en arrière, l'artillerie légère de notre aile gauche avait précédé la retraite de l'infanterie sur Saint-Wast. Sur une distance de deux kilomètres, trois fois nos batteries avaient fait halte, envoyant leur mitraille sur les masses allemandes qui dévalaient de la ferme de Perrière.

Les régiments marocains avaient été postés à l'arrière-garde, dans le village de Crouy. A quatre heures les colonnes adverses, malgré leurs pertes effroyables causées par nos 75, parviennent à déboucher sur la route. Elles avancent en masses serrées vers le hameau. Nos tirailleurs, placés dans ce qui reste de Crouy, ont installé leurs mitrailleuses à droite et à gauche du chemin. Des maisons effondrées, aux pierres noircies. Rien ne bouge. Pas une chéchia au-dessus des murs. Pas un canon de lebel. Tout est dissimulé, caché, terré. Les Allemands ne doutent pas que le passage ne soit libre. Ils sont encore dans le dangereux champ de tir de notre artillerie lourde. Ils se précipitent au pas de course vers Crouy, pensant y trouver un abri.

Mille mètres, cinq cents mètres. Les Marocains laissent l'ennemi approcher. Celui-ci est déjà parvenu à l'entrée de la rue principale lorsque soudain, la fusillade crépite de toutes parts. Les murs se couronnent de fusils. Nos mitrailleuses claquent à droite et à gauche. Le terrain ne permet pas au régiment prussien de se déployer en bataille. Les hommes tombent par paquets. Ceux qui ont échappé à nos balles se replient sur la droite du ruisseau de Braye. La rue est pleine de cadavres allemands.

Mais des assaillants nouveaux accourent. Ceux-là ont pris une formation de combat dangereuse pour nous. Evitant une attaque de front, ils tentent de nous tourner par l'est du village. Menacés d'être débordées, nos troupes détachent trois compagnies qui chargent. Avec des cris formidables, les Marocains ont bondi. Une mêlée effroyable. La baïonnette est tordue. Prenant le fusil par le canon, les tirailleurs assomment à coups de crosse. Une seconde fois les Prussiens reculent.

Les Marocains avaient ordre de tenir dans Crouy jusqu'à cinq heures. Il en est six et les héroïques soldats refusent de se replier. Deux fois, un officier d'état-major doit venir apporter l'ordre de la retraite. A six heures et demie, enfin, à la chute du jour, les tirailleurs se décident. Une heure seulement après le départ de nos troupes, l'ennemi pénètre dans les ruines du village.

Note aile gauche occupe Saint-Wast. Des tranchées, aménagées par nos forces d'arrière, nous y attendaient. Elles s'étendent deux kilomètres en avant du faubourg jusqu'aux fermes de Saint-Paul.

La nuit, qui arrête le combat d'infanterie, voit l'action se continuer par le bombardement intense. De toutes parts, ce ne sont que fusées, marmites, rayons de projecteurs. A certains moments, on y voit comme en plein jour, tellement les éclatements de projectiles sont nombreux. La lueur des fermes qui brûlent embrase l'horizon. Aux coups précipités des 75, répond la voix plus lente des 77. Le « boum » formidable des grosses pièces domine à espaces réguliers. Les projectiles prussiens passent au-dessus de nos têtes et vont tomber derrière nous, sur Soissons. La tour de la cathédrale surgit, toute blanche, dans la lueur d'un obus. L'un après l'autre, chaque quartier s'éclaire à son tour. Des incendies s'allument. Le spectacle est titanesque.

Avec l'aube du 15, l'action de l'artillerie semble diminuer d'intensité. Mais déjà la fusillade des fantassins a repris. A sept heures, un bataillon de ligne, qui occupe les fermes de Saint-Paul, reçoit l'ordre de dégager nos tranchées d'avant-garde menacées par une attaque allemande. Les braves gens chargent, enfoncent l'ennemi et le poursuivent jusqu'à la gare de Grouy. Une centaine de nos adversaires, cernés dans les bâtiments, mettent bas les armes. Mais à peine notre bataillon est-il rentré dans nos lignes avec les cent prisonniers que déjà de nouveaux ennemis se présentent.

Deux heures durant, il nous faut subir un assaut furieux sur Saint-Paul. On se bat dans les terres labourées, dans les vergers, dans les enclos, dans la cour, dans les granges. Dans l'angle d'une étable, les cadavres allemands sont si nombreux qu'ils sont restés debout, appuyés les uns contre les autres. Notre infanterie fait des merveilles. Notre artillerie fait des miracles. Le tir de nos batteries est guidé par nos avions qui volent dans la rafale. Grâce à nos pointeurs, les renforts demandés par l'ennemi ne peuvent déboucher des pentes occidentales du plateau de Vregny. Les Prussiens, qui se sont usés dans de vaines attaques sur Saint-Paul, semblent las. Nos obus, qui tombent juste, achèvent de les décider à la retraite. A midi, ils se replient en troupeau sur Crouy.

Nous restons maîtres des faubourgs de la rive droite, maîtres des têtes de pont. Notre front est plus fort que jamais. Les Allemands ne passeront pas.

Dépêches officielles

Premier Communiqué

Nous avons continué à progresser dans la région de Nieuport et de Lombaertzyde, sur une profondeur de 200 mètres environ. Notre artillerie a obligé les Allemands à évacuer leurs tranchées de la Grande-Dune, détruit le redan qui se trouve au nord de celle-ci et bombardé les ouvrages ennemis sur cette partie du front et au sud de Saint-Georges.

Dans la région d'Ypres, comme dans celle de La Bassée et de Lens, combats d'artillerie.

A Blangy, près d'Arras, action assez vive; les Allemands s'étaient emparés de la fonderie de Blangy; nous la leur avons reprise aussitôt par une énergique contre-attaque et nous nous y sommes maintenus.

Notre artillerie a continué à démolir les tranchées ennemies près de la Boisselle.

Dans le secteur de Soissons, rien à signaler.

Entre Vailly et Craonne, l'ennemi a prononcé, sans succès, une attaque près de la sucrerie de Troyon. Une autre attaque contre nos tranchées de Beaulne a été également repoussée.

Dans la région de Perthes-Beauséjour, notre progression a continué, malgré une violente tempête.

Dans l'Argonne, sur les Hauts-de-Meuse et en Woëvre, rien de nouveau.

Au Bois Le Prêtre, près de Pont-à-Mousson, une attaque allemande a été repoussée.

Dans les Vosges, nous avons gagné du terrain à l'ouest d'Orbey: la neige est tombée en abondance toute la journée.

Deuxième Communiqué

Rien à signaler.
De l'Argonne aux Vosges, chutes de neige.

---

18 JANVIER 1915

Violent combat à La Boisselle. — Deux avions allemands sont abattus vers Bar-le-Duc. — Nouveau bombardement de Thann par les Allemands. — Tremblement de terre en Italie qui fait 50.000 victimes.

Situation des armées sur le front occidental

Les opérations en Belgique subissent un nouvel arrêt par suite d'une tempête violente qui sévit dans toute la région du Nord depuis hier, on ne signale que des combats d'artillerie de la mer à l'Oise.

Dans la région de Soissons, l'activité ennemie ne s'est signalée que par le bombardement de Saint-Paul, faubourg de Soissons; au nord-est de Vic-sur-Aisne, à Autrêche, deux attaques allemandes ont été repoussées.

Les Allemands ont-ils renoncé à poursuivre leur action sur Crouy et Soissons? Les journaux anglais disent que non, ils ajoutent: « des renforts allemands venant de Prusse, d'Anvers et de Bruxelles, traversent la Belgique depuis trois jours se dirigeant vers le secteur de l'Aisne. Il est évident que l'intention des Allemands est de tenter de transformer en grande victoire le succès partiel qu'ils ont remporté devant Soissons ».

Nos généraux n'ignorent pas ces mouvements de troupes, s'ils existent réellement, et l'adversaire ne les prendra pas au dépourvu. S'ils n'ont pas décidé d'attaquer eux-mêmes, ils sauront opposer une résistance énergique, quel que soit le point du front sur lequel se produira l'offensive ennemie.

Il est à constater que dans la journée d'hier des avions allemands ont survolé nos positions en Champagne. Deux ont été abattus et sont tombés dans les environs de Bar-le-Duc.

Nous avons résisté à deux attaques ennemies sur Boureilles, en Argonne, et nous avons encore progressé dans le bois Le Prêtre au nord de Pont-à-Mousson. Ce bois est sans aucun doute une position stratégique importante puisque l'ennemi s'y accroche désespérément.

En Haute-Alsace, les positions sont maintenues de part et d'autre depuis plusieurs jours, sauf une légère avance effectuée hier par nos troupes au sud-est du col du Bonhomme; nous avons progressé jusqu'à 5 kilomètres d'Orbey, ce qui nous a permis d'occuper un débouché sur la vallée de la Weiss.

Huit avions français ont survolé hier l'Alsace, les uns sur Colmar, les autres sur Mulhouse; cette reconnaissance nous a permis de nous rendre compte de la situation réelle de l'adversaire dans cette région.

F. B.

Nouvelles diverses publiées par les journaux

— On annonce la mort du général Stoessel, défenseur de Port-Arthur dans la guerre russo-japonaise.

— Deux avions allemands ont été arrêtés par des avions français à Montdidier et à Crépy-en-Valois, ils ont aussitôt rebroussé chemin.

— D'autres avions allemands ont survolé Belfort sans jeter de bombes, grâce à leur grande hauteur ils ont pu échapper au tir de nos canons.

— On annonce de Stockolm, que dans le courant de la dernière quinzaine cinq grands vapeurs allemands ont été coulés par des mines dans la Baltique.

— Un hydroplane allemand, le « Erna 84 » a été trouvé sur la côte du Jutland, les aviateurs ont dû périr.

En Russie. — L'état-major russe communique que les Allemands font de violents efforts pour percer le front russe mais que toutes leurs attaques sont repoussées. Une force allemande de six régiments a prononcé sept attaques consécutives contre le village de Goumine sans pouvoir s'en emparer.

Un télégramme privé annonce que les Russes ont réoccupé Plotzk, sur la Vistule, ils ont capturé un détachement allemand.

On signale de Pétrograd l'admirable courage d'un enfant de dix ans qui vient d'arriver à Kiel, parmi les blessés. Dès le début de la campagne, il parvint à se faufiler parmi les soldats, il ne les a pas quitté depuis. En Galicie, il servit d'observateur aux batteries russes en se plaçant au haut d'un moulin. Aperçu par les Autrichiens, il réussit à leur échapper et c'est en se sauvant qu'il se cassa une jambe.

En Turquie. — La débâcle turque compromet sérieusement la situation de la place forte d'Erzeroum qui ne possède plus comme garnison que 30.000 miliciens.

L'armée anglaise vient d'occuper Kurna, en Turquie d'Asie, au confluent du Tigre et de l'Euphrate, elle s'est emparée de 1.200 prisonniers et de 12 canons. Ce pays est très étrange, les costumes y sont les mêmes qu'aux premiers âges, c'est l'ancien jardin de l'Eden ou Paradis terrestre.

On vient de découvrir à Téhéran (Perse) un complot

— 17 —

contre les ministres de Russie, de France et de Belgique. Un comité créé par des Allemands se réunissait dans une maison pour fabriquer des bombes destinées à être jetées dans les voitures des ministres au moment où ils reviendraient du bal donné à la légation anglaise, le soir de Noël. Le complot a été découvert grâce à l'explosion d'une bombe dans la maison où elles se fabriquaient.

Documents historiques, récits et anecdotes

La bataille des Flandres. — Nos arabes dans les dunes. — L'envoyé spécial du *Daily Express*, dans la partie de la Belgique occupée par les alliés, a vu à l'œuvre, dans les dunes, nos Arabes et nos goumiers marocains.

Les Arabes français, amenés d'Algérie et du Maroc, avancent pied à pied, écrit-il, à travers une mer de sable, vers les tranchées creusées par les Allemands, sur le rivage même et dans les dunes.

Depuis le début de la bataille sur l'Yser, en effet, les Arabes et les Allemands sont face à face, à une distance qui diminue sans cesse et n'est plus maintenant que de deux à trois cents mètres.

Depuis plusieurs semaines, un vent violent souffle, qui soulève le sable en vagues hautes parfois d'un mètre, et qui aveuglent et qui couvrent tout; les grains sont si serrés que vous ne voyez pas à vos pieds quand vous marchez et que, si vous vous couchiez, votre corps disparaîtrait presque immédiatement. C'est dans cet atmosphère que combattent les Arabes, cachés dans des tranchées profondes par endroits de deux mètres et demi et qu'ils durent couvrir de planches pour éviter qu'elles ne fussent envahies par le sable. Ces tranchées ne sont pas plus confortables que celles creusées dans la région inondée. Chaque fois que la marée monte, l'eau s'y répand et les occupants doivent se retirer hors de son atteinte, pour revenir ensuite.

C'est un spectacle amusant que de voir les Arabes, dans

leurs costumes bleus et drapés dans leurs burnous blancs, creusant le sable de la plage comme des enfants avec des pelles d'acier.

Il y a deux jours, ils montrèrent leur supériorité sur leurs adversaires. La tempête de sable était si violente que les Allemands se trouvèrent incapables d'y faire face, tandis que les Arabes, habitués à celles du désert, en profitèrent pour avancer sensiblement. Presque tous les Allemands trouvés morts dans les dunes portent des lunettes d'automobilistes, pour protéger leurs yeux contre le sable.

Quand ils sont au repos, les Arabes passent leur temps étendus sur le sable ou accroupis pendant des heures, et l'on se croirait, en les contemplant ainsi, tandis que le cheik caracole sur la plage, plutôt sur la côte du Maroc que sur le rivage de la mer du Nord.

Depuis quelques jours, les canons, de part et d'autre, ont fait leur réapparition dans les dunes, derrière les tranchées armées de mitrailleuses. Tenter d'en sortir et de charger est impossible, on risque d'être abattu par le feu des maxims et c'est ainsi que la bataille des dunes se prolonge de semaine en semaine.

Aujourd'hui, un duel acharné d'artillerie a eu lieu entre Lombaertzyde et Westende, au sud-est de laquelle les Allemands ont réussi à mettre en batterie deux grosses pièces probablement de onze pouces, dont le feu est dirigé sur les environs de Nieuport.

Deux soldats ont bravé la mort pour relever le cadavre de leur adjudant. — Le *Petit Journal* a relaté, en novembre dernier, la mort glorieuse de l'adjudant Türck, un Alsacien de vieille roche, ancien clairon-major, qui, malgré ses 54 ans, n'hésita pas, dès le début des hostilités, à contracter au 56e d'infanterie, un engagement pour la durée de la guerre. Le vaillant sous-officier, dont l'héroïque conduite a été portée à l'ordre du jour de l'armée, fut tué, on s'en souvient, à la tête de sa section qu'il avait entraînée à

200 mètres des tranchées allemandes, en sonnant lui-même la charge.

A cette fin héroïque se trouve liée l'admirable prouesse de deux hommes de la compagnie, les caporaux Buet et Delorme, prouesse qui est une preuve nouvelle de l'ardent et pieux attachement témoigné par nos soldats à leurs chefs.

Voyant que le corps de leur adjudant était resté près des lignes ennemies, sur un terrain découvert, balayé par la mitraille, Buet et Delorme réclamèrent le périlleux honneur d'aller le chercher. En rampant dans la boue, ils parvinrent jusqu'à l'endroit où le sous-officier gisait, inerte et sanglant. Mais devant la violence de la fusillade, ils durent renoncer à leur projet et ne rapportèrent que le sabre et le clairon du défunt. Mais, la nuit venue, les deux braves renouvelèrent leur tentative, et cette fois réussirent, malgré le feu intense dirigé contre eux.

Grâce aux deux caporaux, la dépouille de l'adjudant Türck n'a pas été souillée par le contact de mains ennemies, et elle a reçu les honneurs et la sépulture qu'elle méritait.

En récompense de leur noble action, Buet et Delorme ont été, eux, cités à l'ordre du jour de l'armée, pour leur courage, leur abnégation et leur dévouement, ces trois qualités primordiales du soldat français.

Pour voir le Boche. — Un sous-lieutenant de bataillon de chasseurs alpin, qui combat dans les tranchées, nous a conté cette anecdote:

« Depuis plus de trois mois que nous vivons dans nos terriers des Vosges, il nous est arrivé d'assister à bien des actes d'héroïsme. En voici un nouveau vraiment charmant

« Nous occupions une vaste croupe boisée; les Allemands avaient réussi à creuser un boyau aboutissant à quelques mètres de nos tranchées. Afin de protéger leurs sentinelles, ils avaient installé une sorte de guérite blindée, percée de deux petites lucarnes, permettant de voir et de tirer.

« Cela devenait ennuyeux pour nous. Hier soir, un de

mes hommes, dans la vie civile chanteur à l'Eldorado, se présente et me demande l'autorisation d'aller chercher le Boche. Je la lui accorde sans grand espoir de réussite.

« Au milieu de la nuit, je le vois sortir de la tranchée et arriver en rampant près de cette guérite. Il lance une forte corde en lasso, revient à la tranchée, tire avec ses camarades et nous amène un brave Boche enfermé dans sa boîte et tout ébahi de ce voyage involontaire.

« Lorsque je l'ai félicité, il ma dit: « C'est surtout pour « voir la bonne tête de ce type que j'ai fait cela. »

Dépêches officielles

Premier Communiqué

De la mer à l'Oise, tempête violente, surtout en Belgique; combats d'artillerie sur certains points.

Près d'Autrèche (nord-est de Vic-sur-Aisne), deux attaques allemandes ont été repoussées.

Dans les secteurs de Soissons et de Reims, aucun changement.

Dans la région de Perthes, tir très efficace de notre artillerie sur les positions ennemies.

En Argonne, les attaques allemandes sur la cote 263 (ouest de Boureuilles) sont restées sans résultat.

Nous nous sommes emparés de plusieurs ouvrages allemands au nord-ouest de Pont-à-Mousson, dans la seule partie du bois Le Prêtre qui soit encore aux mains de l'ennemi. Nous avons ensuite repoussé une contre-attaque et maintenu tous nos gains.

Dans les Vosges, abondante chute de neige.

L'ennemi a bombardé Thann sans résultat sérieux.

Deuxième Communiqué

A la suite de l'explosion d'un dépôt de munitions, provoquée par l'éclatement d'un obus, la partie du village de la

Boisselle ocupée par nos troupes avait été incendiée et nous avions dû l'évacuer. Elle a été reprise par une vigoureuse contre-attaque dans la matinée du 18.

L'ennemi a bombardé Saint-Paul, près de Soissons.

En Champagne, des avions allemands ont survolé nos positions; ils ont été reçus à coups de canon et de mitrailleuse. Deux d'entre eux sont allés s'abattre à l'intérieur de nos lignes, du côté de Bar-le-Duc, les appareils sont à peu près intacts; les quatre aviateurs ont été faits prisonniers.

En Argonne, canonnades et fusillades intermittentes.

De l'Argonne aux Vosges, neige et tempête.

19 JANVIER 1915

Le sous-marin français « Saphir » coule dans les Dardanelles après avoir débarqué son équipage. — Les Russes poursuivent leur victoire contre les Turcs.

Situation des armées sur le front occidental

C'est toujours la tempête et la neige, avec accompagnement de l'éternelle boue, qui dominent dans toute la France.

Le temps est mauvais principalement en Belgique et en Alsace, probablement en raison du voisinage de la mer et des montagnes, aussi dans ces régions, la voix est surtout à l'artillerie lourde qui bombarde à longue distance des points repérés à l'avance.

Le communiqué d'hier ne signale sur tout le front que des combats d'artillerie plus ou moins violents et sur deux points seulement des combats d'infanterie d'une certaine importance.

A La Boisselle, au sud d'Arras, nous avions dû évacuer

une partie du village, à la suite d'un incendie survenu par l'éclatement d'un obus. Dès l'aube du 18 nous avons repris les positions abandonnées sans que l'ennemi fasse la moindre tentative pour réattaquer.

Le second combat d'infanterie s'est déroulé dans le bois Le Prêtre où nous avons enlevé 500 mètres de tranchées allemandes. Il ne reste plus qu'une faible partie de ce bois entre les mains de l'ennemi.

Il paraît qu'en Flandres les pluies persistantes ont provoqué des inondations telles que les belligérants ont été obligés d'abandonner leurs tranchées et de se retirer en arrière de leurs premières lignes, la situation n'était plus tenable.

Le prince de Galles a profité de l'accalmie qui règne sur le front nord, pour se rendre en Alsace. Il est arrivé à Belfort le 15 janvier au soir, avec trois officiers de sa suite, il a visité la ville, puis malgré le mauvais temps il s'est rendu sur le front. Il s'est rencontré dans cette région avec M. Millerand, ministre de la guerre.

Le chef d'état-major allemand, général von Falkenhayn, recevant il y a quelques jours des correspondants de guerre, leur a dépeint la situation en France telle que nous la considérons nous-mêmes:

« Nous assiégeons la forteresse France, a-t-il dit, le pays tout entier s'est transformé en un camp fortifié contre nous. Or, nous savons tous que le siège d'une forteresse exige beaucoup de temps, et c'est le pays tout entier qui s'est mué en forteresse. »

Le général aurait pu ajouter que la forteresse était loin d'être investie.

F. B.

Nouvelles diverses publiées par les journaux

— Le ministère de la marine communique la note suivante: « Le sous-marin « Saphir » qui avait pris son poste de surveillance près du détroit des Dardanelles dans la matinée du 15 janvier, n'a pas rejoint notre force navale opérant dans cette région. La presse étrangère signale qu'il aurait été coulé et qu'une partie de son équipage a été recueilli par des embarcations turques. »

— On signale que le vapeur italien « Varese » a heurté une mine près de Pola (Adriatique) et a coulé, sur 24 personnes qui étaient à bord, 2 seulement ont été sauvées.

— Il résulte d'une statistique officielle que le tremblement de terre en Italie a fait 50.000 victimes.

— Le général serbe Douchan Stéphanovitch, ancien ministre de la guerre, vient d'être désigné par le gouvernement serbe comme délégué de l'état-major, près le quartier général des armées françaises.

— Le général Vivild von Hohenborn est nommé intendant général de l'armée allemande.

En Russie. — Les nouvelles de Russie sont bonnes, les opérations sont contrariées par une température inclémente mais sur tous les points où les conditions climatériques ne sont pas un obstacle aux mouvements de troupes on constate une progression constante des armées russes. En Prusse orientale, l'aile gauche et l'aile droite russe avancent assez rapidement. Au centre de la Pologne et dans les Carpathes la situation est stationnaire.

En Bukovine, l'activité est très grande et le flanc droit et l'arrière de la troisième armée autrichienne sont très menacées.

En Turquie. — Les échecs successifs subis par les Turcs au Caucase jettent le désarroi dans l'armée de Syrie et quelques officiers turcs refusent de marcher. En outre, 25.000 bédouins qui avaient été recrutés pour la campagne contre l'Egypte sont pour la plupart retournés dans leurs foyers. Un vif mécontentement règne parmi les troupes.

En Roumanie. — On télégraphie d'Athènes que, lors du dernier conseil de cabinet, le gouvernement roumain a décidé de ne pas laisser plus longtemps les Roumains vivant **hors des frontières, notamment en Transylvanie, exposés** aux persécutions des Autrichiens et d'envoyer des troupes roumaines en territoire austro-hongrois.

Cette mesure n'est pas considérée comme une déclaration de guerre à l'Autriche, mais simplement comme une occupation d'un caractère temporaire. Les troupes roumaines entreront en Autriche dans deux ou trois semaines.

Documents historiques, récits et anecdotes

Le combat de Clémery. — Dans la région de la Seille s'est livré un violent combat dont le communiqué officiel enregistre l'écho en annonçant que notre artillerie a dégagé une crête au nord de Clémery.

Une effroyable canonnade commença de se faire entendre pendant la nuit du 12 au 13 janvier, vers deux heures; les salves se succédaient sans interruption. Le feu dura quinze heures. On crut d'abord à une attaque entre Noméry et Moncel, mais on apprit bientôt que le théâtre des opérations se rapprochait davantage de la fameuse côte de Sainte-Geneviève, où s'était précédemment brisée l'offensive allemande.

Les formations sanitaires n'ont pas eu à intervenir. Nos pertes sont nulles. Nos canons habilement dissimulés, ont échappé aux reconnaissances des avions ennemis. Les détachements d'infanterie occupant cette partie de la vallée de la Seille se tenaient prêts à une entrée en scène énergique. Mais encore une fois, les dispositions de nos troupes furent si habilement prises, et l'ont sut tirer des avantages du terrain un parti si profitable, que la seule action de nos batteries obligea l'ennemi à battre en retraite.

On manque encore de renseignements précis sur l'importance des effectifs engagés par les Allemands dans l'affaire de Clémery; tantôt on parle de trois divisions décimées, tantôt on évalue à près de 8.000 hommes les pertes ennemies.

On croit savoir, par contre, qu'avec une témérité qui

ressemble à de la folie, les masses prussiennes se présentèrent en colonnes profondes vers Raucourt, où elles furent littéralement écrasées.

Par suite de la persistance du mauvais temps, la Seille avait un peu débordé; les prairies étant devenues un vaste marais, il était difficile de se mouvoir dans ces conditions déplorables.

L'odyssée de onze soldats français. — Après avoir vécu cinq mois en pleine zone allemande, ils rejoignent leur corps. — M. Lamblin, conducteur de l'omnibus de l'hôtel de la « Boule d'or », venant hier matin, comme à son habitude, prendre les voyageurs à l'arrivée du train, ne fut pas peu surpris de voir descendre du convoi son fils, Eugène Lamblin, engagé volontaire au 29ᵉ dragons, lequel était porté comme « disparu » depuis le 11 août et qu'il désespérait de jamais revoir. L'odyssée de Lamblin vaut d'être contée.

Le 10 août, le 29ᵉ dragons se trouvait à Rochefort, en Belgique, venant de recevoir l'ordre de se diriger sur Liège. Ce jour-là Lamblin tomba malade et fut hospitalisé à l'ambulance de la Croix-Rouge, à Rochefort. Le lendemain, les Boches arrivaient dans le pays. Pour ne pas tomber dans les mains de l'ennemi ceux des nôtres à qui leur état permettait de se mouvoir s'enfuirent et, parmi eux, Lamblin.

Les malades qui fuirent étaient onze, la plupart méridionaux. Recueillis dans un vieux château, ils y restèrent cachés pendant quatre mois et furent l'objet des meilleurs soins de la part de leurs hôtes. Mais un jour vint où leur sécurité fut menacée et ils s'enfuirent dans les bois des environs, où ils vécurent pendant un mois dans la hutte d'un charbonnier, ravitaillés par les habitants des pays voisins.

Le 2 janvier, les soldats résolurent de risquer leur vie pour regagner la France. Vêtus d'habits civils fournis par les habitants, ils bravèrent les dangers de toutes sortes pour atteindre la frontière de Hollande. Sans aucun papier, ils avaient réussi à traverser la Belgique parmi les hordes germaniques, déjouant l'indiscrétion des ennemis qui, à maintes reprises, les menacèrent de leurs fusils.

Ils arrivèrent enfin à Maestricht, d'où ils furent envoyés au consul de Flessingue, qui les fit embarquer pour Folkestone. De là, un navire les ramena en France.

Après avoir, par sa courte visite, rassuré ses parents, Lamblin est parti rejoindre, à Montpellier, le dépôt de son régiment.

Dépêches officielles

Premier Communiqué

En Belgique, tempête de neige, canonnade intermittente.

Il a neigé également dans la région d'Arras où notre artillerie lourde a fait taire à plusieurs reprises les batteries ennemies.

Comme il a été dit hier une action assez vive s'est déroulée à La Boisselle où, à la suite d'incendies, nous avions dû, dans la nuit du 17 au 18, évacuer nos positions. Nous les avons reprises le 18 au point du jour; l'ennemi n'a pas renouvelé ses attaques sur cette partie du front.

Dans le secteur de Soissons, le bombardement de Saint-Paul, dans la nuit du 17 au 18, n'a été suivi d'aucune attaque d'infanterie et la journée du 18 a été d'un calme absolu.

Dans la vallée de l'Aisne, à l'est de Soissons, et dans le secteur de Reims, combats d'artillerie.

Au nord-ouest de Pont-à-Mousson, nous avons enlevé un nouvel ouvrage dans le bois Le Prêtre, où nous occupons maintenant 500 mètres de tranchées allemandes.

Dans les Vosges, tempête de neige; canonnade, surtout dans le Ban-de-Sapt et dans le secteur de Thann.

Deuxième Communiqué

Aucun incident notable n'est signalé.

20 JANVIER 1915

Violents combats sur tout le front, notamment en Champagne et en Argonne. — Des zeppelins allemands survolent quelques villes du littoral anglais et jettent des bombes. — L'archiduc d'Autriche confère à Berlin avec le Kaiser.

Situation des armées sur le front occidental

Il n'est pas question, dans le communiqué d'aujourd'hui, de neige, de tempête et de pluie. La température a été meilleure que les journées précédentes et il serait à désirer pour nos armées qu'une période de beau temps succédât aux intempéries dont souffrent nos soldats depuis le début de l'hiver.

De la mer du Nord jusqu'à l'Aisne, on ne signale que des combats d'artillerie, cependant dans la région d'Albert, au sud de Thiepval, et à La Boisselle, nous avons eu à résister, dans la nuit du 19 au 20, à de violentes attaques allemandes qui ont été repoussées.

Vers Soissons, rien à signaler; les Allemands sont tellement satisfaits de leur succès sur Crouy, qu'ils ont fait placarder en Belgique un bulletin de victoire rédigé en français, en flamand et en allemand. On pourrait se demander comment il se fait qu'une si grande victoire n'a pas eu de lendemain.

En Argonne nous avons été violemment attaqués sur trois points différents, au bois de la Grurie, à Saint-Hubert et à la Fontaine-aux-Charmes, ces attaques ont complètement échoué. Au bois de la Grurie, nous avons d'abord plié sous la violence du choc, mais par deux contre-attaques énergiques nous avons repris le terrain perdu.

Nous avons exécuté une nouvelle attaque au Nord-ouest

de Pont-à-Mousson, dans le bois Le Prêtre et nous avons avancé de 100 mètres au delà des tranchées conquises les jours précédents.

Il est aisé de remarquer que depuis quelques jours les Allemands attaquent sur divers points du front, ils paraissent tâter le terrain un peu partout. Est-ce en vue d'un mouvement offensif plus considérable sur un front déterminé? Nous le saurons prochainement surtout s'il est exact que leurs lignes aient été considérablement renforcées, comme on l'annoncait de Hollande hier encore.

On dit également qu'ils n'ont pas renoncé à s'emparer d'Ypres et qu'ils n'attendent qu'un temps plus favorable pour renouveler leur tentative sur cette ville.

F. B.

Nouvelles diverses publiées par les journaux

— Dans la nuit du 19 au 20 janvier, une escadre aérienne allemande a survolé les côtes anglaises et a jeté plusieurs bombes qui ont causé quelques dégâts. Les détails précis sur cette expédition manquent totalement surtout en ce qui concerne les appareils employés. Seuls les journaux anglais donnent des détails et prétendent que l'escadre était composée de six zeppelins accompagnés de quelques aéroplanes. Il est un fait certain, c'est que des bombes ont été jetées sur Yarmouth, à Sandringham, résidence du roi au nord du comté de Norfolk et vers Londres; qu'il y a plusieurs victimes et des dégâts matériels relativement importants.

— On annonce d'Amsterdam que le 18 janvier, deux aviateurs alliés ont survolé Cologne, ont jeté des bombes et se sont retirés sains et saufs.

— Le général allemand baron de Ompteda, vient d'être tué sud le front occidental, à la tête de sa brigade.

— Le sous-lieutenant aviateur anglais Gardner vient d'être tué à Farnborough. Il était sur le point d'atterrir quand son réservoir à pétrole prit feu et explosa, l'aviateur a été brûlé vif.

— On annonce qu'un navire anglais a arrêté à bord du paquebot italien « Duca-d'Aosta » le comte von Keller, officier supérieur allemand chargé d'une mission secrète à New-York, il a été débarqué à Gibraltar.

— M. Messimy, ancien ministre de la guerre, lieutenant-colonel, est parti dans les Vosges, prendre le commandement d'un groupe de chasseurs.

— M. d'Aubigny, député de la Sarthe, a déposé sur le bureau de la Chambre une proposition de loi tendant à ce que les réservistes père de six enfants passent définitivement dans la dernière classe de l'armée territoriale.

— La *Gazette de Cologne* annonce que deux navires américains sont arrivés à Brême chargés de coton; ils ont traversé l'Océan sous le pavillon des Etats-Unis. Ils venaient d'Amérique du Sud.

En Russie. — Le communiqué officiel signale de nombreux combats d'artillerie favorables aux Russes. En Prusse orientale, dans la région de Mlawa, les troupes sont en contact étroit avec l'ennemi; de violents combats ont été livrés autour du village de Konopka, en résumé on ne signale aucun changement sur l'ensemble du front.

Dans les Carpathes, les opérations militaires sont entravées par la neige et un vent glacial. Le froid dépasse tout ce qu'il est possible d'imaginer.

En Italie. — On annonce que le Gouvernement italien a acheté en Amérique du Sud de grandes quantités de blé, que ce blé sera transporté par 100 navires engagés à Cardiff, ces mêmes navires serviront à transporter du charbon à Gênes.

Documents historiques, récits et anecdotes

Paroles de généraux. — « *Nous vaincrons..., à notre heure, à notre volonté!* » — Interviewé par les *Lectures pour tous*, le général Foch déclara que la situation est très bonne.

Les Allemands sont maintenant dans l'impossibilité de tenter quoi que ce soit contre la France.

« Mes généraux d'Urbal, de Maud'huy, des héros! Grossetti, qui commande le corps d'armée sous Ypres, invulnérable, toujours sous la mitraille, au milieu des balles! Elles ne le touchent pas! Quel homme!...

« Maintenant, songeons à l'avenir. De grands événements se passeront sous peu. Alors, pas de sentiment. Le traité de paix, celui que nous voudrons et pas d'autre. Aux législateurs d'adapter ensuite, de recoudre. Nous avons à vaincre et nous vaincrons jusqu'au bout. »

Le général d'Urbal, que notre confrère vit également, dit:

« Quand je suis arrivé dans le Nord, j'ai trouvé en tout et pour tout deux divisions territoriales et un peu de cavalerie. Alors j'ai attaqué les Allemands pour leur faire croire que j'étais en nombre. J'ai multiplié les engagements. Je les ai harcelés jour et nuit, sans répit.

« Pendant ce temps, mon armée se formait. Chaque jour des renforts me parvenait. Maintenant, ils ne passeront pas, quoi qu'ils fassent.

« Ils ont annoncé, à grands coups de presse, des renforts formidables. Un bluff, tout simplement.

« La vérité est plus simple et plus encourageante. Ils s'efforcent de reconstituer leurs compagnies à 130 hommes. Les nôtres possèdent un nombre de fusils autrement imposant. Ils ont couvert la Belgique de retranchements. Ces fortifications, je les connais. Quand on tient à avoir des renseignements, il suffit d'y mettre le prix.

« Ils se sont retranchés là... là... là... Ils cherchent aussi à négocier par l'intermédiaire de S. M. le roi des Belges. Quelle naïveté! Quel enfantillage!

« Nous les vaincrons quand nous voudrons, et quand nous voudrons, nous romprons leur front à l'endroit qu'il nous plaira de choisir, à notre heure, à notre volonté! »

Les lance-mines (Minenwerfer). — Ce nouvel engin de

guerre, inventé, semble-t-il par les Allemands, est, dit la *Tribune de Genève*, un petit canon de tranchée, ou plutôt un mortier assez léger pour être véhiculé par deux hommes.

Son projectile est composé d'une grosse enveloppe sphérique, en acier, rempli d'un puissant explosif et muni d'un système de déflagration intérieure qui produit l'explosion aussitôt après la chute. Le poids de ce projectile est d'environ 88 kilos; son diamètre, trois fois supérieur au moins à celui du canon, ne permet pas de l'introduire dans ce dernier. Il est muni d'un long manche en bois dur qui est enfoncé dans le mortier par la bouche. Une forte charge de poudre suffit pour envoyer cette espèce de bombe jusqu'à une distance de 300 mètres. Le manche se détache pendant la trajectoire.

Le lance-mine peut tirer sous un angle de 45 degrés.

Dépêches officielles
Premier Communiqué

De la mer à la Somme, dans la région de Nieuport, combat d'artillerie assez vif au cours duquel l'ennemi a vainement tenté de détruire notre pont à l'embouchure de l'Yser, tandis que nous réussissions à démolir une partie de ses défenses accessoires et, près de Saint-Georges, la ferme de l'Union qu'il avait fortement organisée.

Dans les secteurs d'Ypres et de Lens, combats d'artillerie d'intensité variable.

Très violent bombardement de Blangy (près d'Arras), non suivi d'attaque d'infanterie.

De la Somme à l'Argonne, rien à signaler dans le secteur de Soissons, non plus que dans ceux de Craonne et de Reims.

Dans la région du camp de Châlons, ainsi qu'au nord de Perthes et de Massiges, notre artillerie a exécuté sur les ouvrages ennemis des tirs très efficaces.

En Argonne, dans le bois de la Gruerie, l'ennemi a violemment attaqué une de nos tranchées; nos troupes, qui avaient un instant plié sous le choc, ont repris, par deux contre-attaques énergiques, d'abord la plus grande partie, ensuite la totalité de la position et s'y sont maintenues.

A Saint-Hubert, les Allemands ont fait sauter à la mine le saillant nord-est de nos tranchées, mais nos troupes se sont précipitées dans les entonnoirs dont elles ont interdit l'accès à l'ennemi.

Au nord-ouest de Pont-à-Mousson, dans le bois Le Prêtre, nous nous sommes établis à 100 mètres en avant des tranchées allemandes conquises avant-hier. L'ennemi nous a contre-attaqués sans succès à la fin de la journée.

Dans le secteur de Thann, combats d'artillerie où nous avons eu l'avantage.

Dépêches officielles

Hier soir, l'ennemi avait pris pied dans une de nos tranchées au nord de Notre-Dame-de-Lorette; ce matin il en a été expulsé à la suite d'une contre-attaque, laissant entre nos mains plus de cent prisonniers.

Au cours de la nuit du 19 au 20, dans la région d'Albert, une attaque au sud de Thiepval est arrivée jusqu'à nos réseaux de fil de fer, puis a été rejetée; trois attaques successives sur la Boisselle ont subi le même sort.

En Argonne, une attaque à la Fontaine-aux-Charmes a été repoussée après une lutte corps à corps.

21 JANVIER 1915

Progression sensible des Français au nord-ouest de Beauséjour. — Violents combats à Hartmannsweilerkofp (Alsace). — Le ministre de la guerre allemand, général von Falkenhayn, démissionne. — Prise de Vorokhta (Bukovine) par les Russes.

Situation des armées sur le front occidental

Des combats d'artillerie ont eu lieu hier sur la partie du front qui s'étend de la mer à la Lys, mais on ne signale aucune action d'infanterie. Par contre, sur plusieurs autres parties du front de violents combats ont été livrés, ces combats ont presque tous tournés à notre avantage; sur un seul point, dans le bois Le Prêtre, au nord-ouest de Pont-à-Mousson, une violente contre-attaque ennemie nous a obligé d'abandonner 50 mètres de tranchées sur les 500 mètres que nous avions conquis les jour précédents.

Un plateau fortement disputé depuis deux jours est celui de Notre-Dame-de-Lorette, au nord d'Arras. Dans la nuit du 19 au 20 l'ennemi s'était emparé d'une de nos tranchées, nous la lui avons reprise dans la matinée. Il a recommencé son attaque la nuit dernière, après un violent bombardement, mais son attaque a complètement échoué.

Un autre combat important a été livré au nord-ouest de la ferme de Beauséjour, près de Perthes, nous avons attaqué l'ennemi et nous lui avons enlevé trois postes avancés et nous avons occupé deux petits bois au nord de la ferme.

Une attaque allemande a été repoussée à Saint-Hubert, en Argonne.

En Haute-Alsace, les inondations gênent les opérations des belligérants mais un violent combat d'artillerie est engagé dans la région de Thann et de Cernay, les Allemands bombardent Thann et nous criblons d'obus les carrières de Cernay cherchant autant que possible à épargner la ville. Dans la région de Thann, vers Hartmannsweilerkopf, une petite force d'infanterie est aux prises avec l'ennemi depuis la nuit du 19 au 20, elle progresse difficilement et le communiqué d'aujourd'hui annonce que le combat continue.

Le communiqué d'hier nous annonçait modestement qu'une attaque avait été repoussée à Thiepval, près d'Albert. Il s'agit là en réalité d'un brillant succès. Après une violente canonnade, les Allemands crurent le moment propice pour attaquer mais nos artilleurs veillaient, la résistance de nos troupes arrêta leur élan et les projectiles de nos 75 couvrirent leurs rangs. Les Allemands se retirèrent en désordre laissant sur le terrain des monceaux de cadavres.

F. B.

Nouvelles diverses publiées par les journaux

— On annonce d'Amsterdam qu'une violente canonnade a été entendu le 20 janvier dans la direction de l'est de l'île de Borkum, à l'estuaire de l'Ems. Est-ce une bataille navale?

— Une dépêche de Berlin annonce que le général von Falkenhayn, ministre de la guerre allemand a donné sa démission, cette démission a été acceptée et le ministre est nommé général d'infanterie.

— L'archiduc héritier d'Autriche, Charles François-Joseph, vient d'arriver à Berlin, il vient conférer avec l'empereur d'Allemagne.

— Le prince Eitel Friedrich, second fils de Guillaume, vient d'arriver à Mulhouse, avec une nombreuse suite.

— On annonce de Lisbonne qu'un nouveau contingent de troupes est parti pour la colonie de l'Angola afin de renforcer les contingents qui opèrent contre les Allemands.

— M. Millerand, ministre de la guerre, vient de faire signer au Président de la République un décret relatif à la fixation du nombre des bataillons sénégalais du Maroc. Dans son rapport, le Ministre déclare que l'Afrique occidentale peut fournir un nombre important de tirailleurs sénégalais, déjà recrutés ou en voie de recrutement; qu'il a été reconnu nécessaire de diriger ces unités sur le Maroc, où elles se trouveront dans le milieu qui prête le mieux à leur acclimatement et à leur préparation à la guerre européenne.

— On annonce que le sous-lieutenant Le Marjoulet, fils du général Le Marjoulet, qui commande une de nos armées, est mort au front, sous les yeux de son père, qui n'en continua pas moins à diriger les opérations contre l'ennemi.

— L'aviateur belge bien connu Jean Olieslagers a été victime d'un accident durant un vol, près de Calais. Son avion tomba et fût mis en pièces, mais, par un hasard extraordinaire, l'aviateur et l'observateur en furent quittes pour quelques égratignures.

En Russie. — Dans la direction de Mlawa, les troupes russes ont enlevé d'assaut la localité de Skempe. En Bukovine, un combat a eu lieu à Vorokhta, l'armée russe s'est emparée de cette localité.

En Hongrie. — Un vif mécontentement règne contre le despotisme du comte Tisza, il est probable que l'entrée en scène de la Roumanie produira un mouvement révolutionnaire.

En Turquie. — Les combats entre les Russes et les arrière-gardes turques continuent dans la régions de Abralik-Lavsor.

Un torpilleur russe a coulé, près de Arhave, douze bateaux turcs, avec leurs cargaisons.

On annonce de Constantinople que le « Gœben » devenu complètement inutilisable, sera transformé en navire hôpital.

En Roumanie. — La Roumanie a commandé à une puissance neutre pour un million d'articles de pansement.

Documents historiques, récits et anecdotes

Exposé du général en chef sur les résultats de deux mois de combats. — Le général commandant en chef attire de nouveau l'attention du public français et neutre sur le caractère mensonger des communiqués officiels de l'état-major allemand depuis le début de la guerre.

Ces communiqués ou inventent de toutes pièces des actions qui n'ont pas eu lieu, ou dénaturent profondément celles qui ont eu véritablement lieu.

Les récents communiqués relatifs aux pertes françaises dans les dernières semaines sont totalement inexacts. Nos pertes dans cette période sont inférieures de plus de moitié aux chiffres inventés par l'état-major allemand. Le commandement français, au surplus, a pu constater par les morts trouvés sur le terrain que dans toutes les actions des deux derniers mois les pertes allemandes ont été supérieures aux pertes françaises.

Depuis le 15 novembre, c'est-à-dire depuis la fin de la bataille d'Ypres et l'échec complet de la grande offensive allemande contre notre gauche, la guerre a pris le caractère d'une guerre de siège, mais dans cette guerre il s'en faut que les résultats obtenus des deux parts s'équivalent.

On peut même dire que, sauf sur un point unique, nous seuls avons gagné du terrain. Partout, en dehors de ce point unique, les Allemands ont reculé. Le tableau ci-contre permettra d'en juger.

Résultats obtenus par les Allemands. — Destruction des halles, de la cathédrale et de l'hôpital d'Ypres; destruction de Nieuport-Ville et de Nieuport-Bains; bombardement de Soupir et de Soissons; reprise de la cote 132 et de la dent de Crouy et gain de 1.200 à 1.800 mètres au nord de Soissons; progression de 300 mètres en Argonne, près du ruisseau des Meurissons, sur un front de 800 mètres; bombardement d'une église à Nancy et de l'hôpital à Thann.

Résultats obtenus par les Français. — De la mer à la Lys:

Reprise de toute la rive gauche de l'Yser, entre Knoocke et Hetsas; débouché sur la rive droite entre la mer et Saint-Georges; installation d'une tête de pont de 4 kilomètres dans cette région; installation d'une tête de pont au sud de Dixmude; prise de Saint-Georges, de la maison du Passeur de Korteker; extension générale de notre front autour d'Ypres; succès de Wydendreet; cessation des attaques d'infanterie ennemie.

De la Lys à l'Oise: Prise du château et du village de Vermeilles et du Rutoire; prise de nombreuses tranchées allemandes entre Aix-Noulette et Carency; reprise partielle de Saint-Laurent et Blangy, près Arras; prise de La Boisselle; prise des tranchées allemandes de Lihons; prise du Quesnoy-en-Santerre à la fin d'octobre et progression à l'est. Depuis lors, extension générale et consolidation de notre front.

Oise et Reims: Prise des tranchées allemandes de Nampoet et du plateau de Nouvron; prise de l'éperon 132 et de la dent de Crouy (reperdus), destruction de nombreuses pièces allemandes; diminution de quatre cinquièmes de nos pertes d'infanterie, grâce au succès de notre artillerie; consolidation de notre système défensif.

De Reims à la Meuse: Progression d'un kilomètre dans la région de Prunay; progression de plus de 2 kilomètres dans la région de Perthes et échec de 17 contre-attaques allemandes, progression de près d'un kilomètre en Argonne, dans les bois de la Grurie et de Bolante et nombreuses attaques repoussées, extension de notre front autour de Verdun; nombreuses destructions de batteries ennemies.

De la Meuse à la frontière suisse: Progression importante dans les bois de Consenvoye, d'Apremont, d'Ailly, de Mortmale, Le Prêtre; échec de toutes les attaques allemandes; progression au nord-est de Nancy (Xon, Le Mesnil, forêt de Paroy), progression au nord et au sud de Senones et dans tout le ban de Sapt; prise de la tête de Vichu, qui commande Sainte-Marie, et de la Tête-de-Faux; échec complet de 34 contre-attaques ennemies; prise d'Aspach, de Steinbach et des hauteurs à l'est; progression vers Munster, Cernay, Alkirch.

Au total. — 1° Progression générale de nos troupes très sensible sur certains points; 2° Recul général de l'ennemi, sauf au nord-est de Soissons, voilà le bilan des deux derniers mois.

Pour le compléter, il faut ajouter que: 1° L'offensive allemande en Pologne est enrayée depuis un mois; 2° L'offensive russe se poursuit en Galicie et dans les Carpathes; 3° L'armée turque du Caucase a été en grande partie anéantie; 4° L'Allemagne a épuisé ses ressources en cadres (12 officiers en moyenne par régiment), et ne pourra plus désormais développer ses ressources en effectifs qu'au détriment des unités existantes; 5° Les armées alliées ont, au contraire, la possibilité de se renforcer encore dans une notable mesure.

On peut donc affirmer que pour obtenir un succès total il suffit à la France et à ses alliés de savoir l'attendre et le préparer avec une patience inlassable.

L'offensive allemande est brisée; la défensive allemande le sera à son tour.

Dépêches officielles

Premier Communiqué

De la mer à la Lys, combats d'artillerie.

De la Lys à la Somme: sur le plateau de Notre-Dame-de-Lorette a eu lieu, dans la nuit du 19 au 20, l'engagement signalé hier soir. Au sud de la Somme et sur l'Aisne, quelques combats d'artillerie au cours desquels nous avons fait taire les batteries ennemies.

En Champagne;

A l'est de Reims (région de Prosnes, les Marquises, Moronvillers), nous avons démoli des ouvrages allemands, obligé l'ennemi à évacuer ses tranchées et provoqué l'explosion d'un dépôt de munitions.

Au nord-ouest de Beauséjour, nous avons progressé en nous emparant par surprise de trois postes ennemis où nous nous sommes installés. Au nord de Massiges, notre artillerie a pris l'avantage.

Pas de changement en Argonne.

Au sud-est de Saint-Mihiel, dans la forêt d'Apremont, nous avons enlevé 150 mètres de tranchées allemandes et repoussé une contre-attaque.

Au nord-ouest de Pont-à-Mousson, dans le bois Le Prêtre, l'ennemi a réussi, par une violente contre-attaque, à reprendre une vingtaine de mètres sur les 500 mètres de tranchées enlevées par nous les jours précédents. Nous nous maintenons solidement sur l'ensemble de cette position.

Dans le secteur de Thann (région de Silberloch, Hartmannsweilerkopf), une section d'infanterie est engagée depuis la nuit du 19 au 20; nous progressons lentement sur un terrain extrêmement difficile.

Deuxième Communiqué

L'ennemi a bombardé violemment nos positions au nord de Notre-Dame-de-Lorette, puis a prononcé, à cinq heures du matin, une nouvelle attaque qui a été aussitôt arrêtée.

En Champagne, deux des petits bois au nord de la ferme de Beauséjour ont été occupés par nous; l'ennemi a contre-attaqué sans succès.

En Argonne, les Allemands ont tenté une attaque sérieuse sur le saillant de notre ligne dans le voisinage de Saint-Hubert. Après un bombardement très violent, qui a bouleversé nos tranchées, ils se sont lancés à l'attaque, mais ils ont été repoussés par le feu de notre infanterie combiné avec un barrage de feu d'artillerie.

On se bat toujours dans la région d'Hartmannsweiledkopf.

22 JANVIER 1915

Violents combats à Fontaine-Madame et Fontaine-Lamitte. — Bombardement de Dunkerque par des avions allemands. — Nouveau bombardement de Saint-Dié. — Le vapeur anglais « Durward » est coulé par un sous-marin allemand.

Situation des armées sur le front occidental

Il résulte des renseignements fournis par les correspondants de journaux que, malgré le mauvais temps, la bataille fait rage entre Nieuport et Ostende. Les canons tonnent sur les côtes et le long de la ligne de l'Yser. Les communiqués officiels reconnaissent également cette situation, mais dans des termes plus modérés, ils disent: l'ennemi a bombardé Nieuport, notre infanterie a fait quelques progrès à l'est de Lombaertzyde. Il semble donc qu'une violente bataille résultant d'une offensive allemande, est engagée dans les Flandres et que les alliés résistent victorieusement puisqu'ils ont progressé légèrement.

On constate également une activité ennemie au sud-est d'Ypres et autour de Lille. Le 20 janvier des combats acharnés ont eu lieu entre La Bassée et Festubert. Les Allemands ont essayé de percer les lignes anglaises dans cette région, mais ils ont été repoussés, ont dit même que La Bassée a été occupée par les troupes anglaises et françaises.

L'Argonne a été le théâtre de violents combats qui se sont déroulés dans le bois de la Gruerie, à Fontaine-Madame et au sud de Fontaine-Lamitte, à l'ouvrage dit « Marie-Thérèse ». L'ennemi a été repoussé et malgré ses nombreuses attaques nous avons conservé toutes nos positions.

Nous n'avons pas été si heureux au bois Le Prêtre, au

nord-ouest de Pont-à-Mousson où l'ennemi a repris une partie des tranchées que nous lui avions enlevées les jours précédents.

Un combat acharné se livre dans la région de Hartmannsweilerkopf, l'ennemi voudrait nous refouler sur Thann avec l'intention bien évidente de réoccuper cette ville; jusqu'alors nos positions ont été maintenues, nous avons résisté à toutes les attaques allemandes et le combat continue avec une extrême âpreté, en un véritable corps à corps. L'ennemi bombarde Thann sans grand succès, de notre côté nous avons dirigé une violente canonnade en avant de Dannemarie où nous avons dispersé des troupes ennemies qui se rassemblaient.

F. B.

Nouvelles diverses publiées par les journaux

— Le télégramme officiel allemand relatif au raid aérien sur l'Angleterre, fait connaître que 19 navires aériens ont pris part à cette entreprise.

— Une dépêche de Boulogne-sur-Mer annonce que le 21 janvier, un avion allemand a lancé deux bombes sur Etaples.

— Des aviateurs alliés ont survolé Essen le 20 janvier et ont lancé plusieurs bombes sur les ateliers militaires. On parle de la destruction de plusieurs immeubles, 400 voitures automobiles auraient été détruites par l'incendie.

— Le vapeur anglais « Durward » allant de Leith à Rotterdam a été torpillé hier, à l'embouchure de la Meuse par un sous-marin allemand. L'équipage a été sauvé par un bateau hollandais.

— On annonce de Copenhague que le 20 janvier des torpilleurs et des sous-marins sont partis hier de la baie d'Héligoland pour une destination inconnue.

— La démission du général von Falkenhayn le ministre de la guerre allemand a été acceptée par l'empereur, il reste chef d'état-major général, son successeur au ministère est le général von Hohenborn.

— Un aviateur japonais M. Shigeno Kiotaki vient de contracter un engagement pour la durée de la guerre au 1ᵉʳ étranger. Il a été affecté au service de l'aviation avec le grade de capitaine.

— Le capitaine Udhe, de la cavalerie allemande, parent du Kaiser, interné à la maison d'arrêt de Toulon, depuis le début de la guerre, sous la prévention d'espionnage, va être dirigé sur un camp de concentration, jusqu'à ce qu'une décision soit prise à son égard.

— La baronne de Bonhomme, femme d'un général belge interné en Hollande, vient d'être condamnée par la cour martiale de Bruxelles, à trois mois de prison pour offense à un officier allemand.

En Russie. — Sur le front de la Vistule, rien d'important à signaler. Dans la Bukovine une importante concentration de troupes autrichiennes s'effectue en vue d'arrêter la marche des armées russes.

L'état-major russe paraît préparer un nouveau plan d'offensive qui comprend de gigantesques opérations sur plusieurs fronts. Toutes les tentatives allemandes sur Varsovie paraissent vouées à un échec certain.

En Turquie. — Plusieurs voiliers turcs ont été coulés dans la mer Noire les 19 et 20 janvier, par la flotte russe. Les casernes de Khopa et de Riga ont été incendiées.

On annonce de Constantinople que Shukri Pacha est nommé commandant en chef de l'armée du Caucase en remplacement d'Enver Pacha.

La situation est toujours grave à Constantinople, on commence à manquer de vivres.

Documents historiques, récits et anecdotes

L'histoire de Cernay. — La petite ville de Cernay, dont on parle tant depuis quelques semaines, est appelée par les

Allemands Sennheim, ce qui la fait confondre avec sa voisine Sentheim de la vallée de la Doller.

Elle est située dans la plaine alsacienne près de l'ouverture de la vallée de Saint-Amarin, sur la Thur, rivière qui prend sa source au fond de cette vallée, à Wildenstein et tombe dans l'Ill à Horbourg, aux environs de Colmar après un parcours de 88 kilomètres.

Cernay est traversée par la route de Lyon à Strasbourg qui passe par Belfort, La Chapelle-sous-Rougemont, le pont d'Aspach, Cernay, Isenheim, Rouffach, Colmar, dans l'ancien et futur département français du Haut-Rhin, et par la route de Bar-le-Duc à Bâle, qui passe par Bussang, Saint-Amarin, Thann, Cernay, Mulhouse.

Elle domine la route du nord qui conduit à Strasbourg, l'entrée des vallées de la Lauch, de la Thur, de La Doller et de l'Ill et la route du Rhin.

C'est une position militaire de grande importance, aussi les Boches s'y cramponnent.

Cernay est à 4 kilomètres de Wattwiller, 1 d'Ufhotz, 3 de Steinbach, 5 de Thann, 9 de Burnhaupt-le-Haut, 11 de Burnhaupt-le-Bas (communes souvent citées dans les récents combats), 15 de Mulhouse, 34 de Belfort, 35 de Colmar.

Sur la rive droit de la Thur, entre Thann, Cernay, Wittelsheim et les deux Aspach, s'étend une vaste plaine de 10 kilomètres carrés, en partie inculte, l'Ochsenfeld, dont le nom provient d'une foire aux bestiaux qui était fréquentée par les Bourguignons, les Comtois, les Lorrains aussi bien que par les Alsaciens.

La stérilité de cette plaine provient de la mince épaisseur de la couche d'humus.

Dans les temps préhistoriques, un vaste débordement du Rhin a couvert la région d'une profonde couche de gravier, les eaux pluviales sont immédiatement entraînées dans le sous-sol, de sorte que la végétation ne peut pas se développer.

Si à la guerre en employait encore la fronde, les Davids

français trouveraient dans le gravier de cette plaine des cailloux en surabondance pour assommer les Goliaths allemands.

Dans les légendes populaires, la stérilité de l'Ochsenfeld est attribuée à la malédiction divine qui a puni la félonie des fils de Louis le Débonnaire ou Louis le Pieux: Lothaire, Pépin et Louis.

Cette plaine est, en effet, le fameux champ de mensonge où, en juin 833, Louis le Débonnaire qui avait refusé de déposséder son quatrième fils Charles le Chauve, fut découronné par les trois premiers pour être enfermé dans le monastère de Saint-Médard de Soissons.

D'après la légende, les profondeurs de la plaine sont traversées par de vastes souterrains où des bataillons entiers d'hommes bardés de fer dorment depuis des siècles.

A certaines époques, dans la nuit, ces preux se lèvent et parcourent l'Ochsenfeld, conduits par le prince Charles, Charles le Chauve.

Le souvenir du prince Charles persiste dans la région: Quand un habitant meurt, on croit qu'il va rejoindre les soldats du prince Charles.

Une immense roche sert au prince pour appeler ses soldats. Les habitants de Cernay sont nommés les « chevaliers de l'Ochsenfeld ».

Voilà une légende essentiellement française à laquelle les cuistres d'Iéna et de Berlin ne peuvent attribuer aucune trace d'origine germanique: Charles le Chauve était roi de France; il a prononcé le fameux serment de Strasbourg en langue romane et ce serment est le plus ancien monument de l'idiome français.

Le mot Cernay, primitivement Senene, Sen Hen d'après les savants les plus autorisés, provient du celtique Seanom.

C'est à Cernay que les soldats d'Arioviste furent mis en déroute par Jules César; 80.000 furent tués et leur chef se sauva dans une petite barque au delà du Rhin. Deux de ses femmes et une de ses sœurs avaient péri dans le désastre.

Les Allemands appellent Arioviste Ehrenvest (fort en honneur), nom, aujourd'hui, indigne d'un Boche.

A Cernay, fut aussi battu Attila, le fléau de Dieu, et rejeté au delà du Rhin.

Le 15 octobre 1638, Bernard de Saxe-Weimar, au service de Louis XIII battit le duc Charles de Lorraine dans l'Ochsenfeld. Sa victoire fut suivie de la prise de Brisach, alors la place la plus importante de l'Europe.

Le 29 décembre 1774, Turenne dispersa les impériaux au sud de Cernay, puis il continua sa marche vers le nord et culbuta l'ennemi à Turckheim le 5 janvier 1775.

Le chef de l'armée vaincue était un ancêtre du kaiser Guillaume II, celui qu'on appelle le « grand électeur ».

Tel est le passé militaire de Cernay.

A la fin du second empire, la petite ville alsacienne acquit une notoriété qui affligea ses habitants : l'un des plus grands criminels du dix-neuvième siècle, l'assassin Troppmann, y était né.

Jean-Baptiste Troppmann étrangla la femme Kink et ses enfants, à Pantin. Il empoisonna Kinck dans une forêt voisine de Cernay et l'enterra sur place.

Ouvrier mécanicien, n'ayant reçu qu'une instruction élémentaire, il étudia seul la chimie, il fabriqua lui-même l'acide prussique avec lequel il empoisonna le malheureux Kinck.

Dépêches officielles

Premier Communiqué

En Belgique, l'ennemi a bombardé assez violemment Nieuport ; notre infanterie a fait quelques légers progrès à l'est de la chaussée de Lombaertzyde.

Entre Ypres et l'Oise, actions heureuses de notre artillerie sur des ouvrages des batteries et des rassemblements d'infanterie.

De l'Oise à l'Argonne, situation aux abords de Soissons sans changements.

Près de Berry-au-Bac, une tranchée que nous avions dû évacuer à la suite d'un bombardement violent a été reprise par nous.

Dans la région de Perthes, l'ennemi a attaqué sans succès, dans la nuit du 20 au 21, au nord-ouest de Beauséjour.

Entre Meuse et Moselle: au sud-est de Saint-Mihiel, dans la forêt d'Apremont, un bombardement d'une extrême violence ne nous a pas permis de conserver les tranchées allemandes enlevées hier sur une longueur de 150 mètres.

Au nord-ouest de Pont-à-Mousson, dans le bois Le Prêtre, l'ennemi a repris une partie des tranchées conquises par nous le 20. Nous nous maintenons sur tout le reste de la position.

Dans les Vosges, l'ennemi a lancé sur Saint-Dié six projectiles de gros calibre sans y produire de dégâts sérieux.

Entre les cols du Bonhomme et de la Schlucht, lutte d'artillerie où les batteries allemandes ont été réduites au silence. En Alsace, l'action d'infanterie engagée dans la région de Hartmannsweilerkopf, se poursuit avec une extrême âpreté en de véritables corps à corps.

En avant de Dannemarie notre artillerie a dispersé des rassemblements ennemis.

Deuxième Communiqué

Au sud-est d'Ypres, l'ennemi a montré plus d'activité que ces derniers temps.

La nuit dernière, fusillade et canonnade peu intense dans la région du bois de Saint-Mard. Une batterie ennemie a été réduite au silence.

En Argonne, des attaques très vives ont eu lieu à Fontaine-Madame et à l'ouvrage dit « Marie-Thérèse », au sud de la Fontaine-Lamitte. A Fontaine-Madame, l'ennemi a été repoussé après deux vigoureuses contre-attaques de nos troupes; à l'ouvrage « Marie-Thérèse », la lutte s'est prolongée pendant toute la journée. Elle a été menée avec une extrême énergie des deux côtés. A la nuit, toutes nos positions avaient été maintenues.

Des attaques de nuit prononcées par l'ennemi dans la région d'Hartmannsweilerkopf ont échoué. Aux dernières nouvelles, le combat continuait.

---

23 JANVIER 1915

Nouveaux progrès des alliés dans la région de Lombaertzyde. — Les combats continuent en Alsace dans la région de Hartmannsweilerkopf et près de Cernay. — Concentration de troupes autrichiennes en Bukovine. — Le général Joffre reçoit l'ordre de Saint-Georges de Russie.

Situation des armées sur le front occidental

L'offensive allemande s'est particulièrement fait sentir, dans les derniers jours écoulés, dans les régions de Lille et d'Arras et en Argonne. Quel était l'objectif de l'ennemi? Il est assez difficile de le préciser puisque toutes ses attaques sur ces différents points du front ont complètement échoué.

Depuis trois jours un nouveau plan semble se dessiner et les attaques allemandes sont surtout violentes en Flandre, en Argonne et en Alsace; il est vrai que dans ces trois régions il ne fait que résister à une pression des troupes alliées et qu'il essaye, mais en vain, de reconquérir le terrain qu'il a perdu.

L'activité est très grande le long de la côte, le canon tonne continuellement et malgré le mauvais état des terres nous avons progressé encore un peu dans la journée d'hier, à l'est de Lombaertzyde.

Dans la région du bois de la Grurie, en Argonne, les combats continuent sans interruption; c'est surtout autour de Fontaine-Madame et de Saint-Hubert que la lutte est la plus violente et tous nos efforts tendent à repousser les attaques allemandes de jour et de nuit.

Aux dernières nouvelles, nous maintenons nos positions.

En Alsace, la lutte est reprise avec une grande intensité dans toute la région de Thann et principalement autour de Cernay et autour d'Altkirch. A l'ouest de Cernay, nous tenons la cote 425 que les Allemands s'efforcent d'enlever, sans succès du reste, ils sont retranchés dans toutes les carrières de Cernay qu'ils ont fortifiées. Au nord de Cernay, au delà de Walwiller, sur la route de Soultz et sur les hauteurs de Hartmannsweilerkopf, se joue une grosse partie qui n'est pas encore terminée et dont les communiqués nous parlent depuis plusieurs jours. Les Français attaquent avec vigueur, ils veulent déboucher dans la vallée et les Allemands font une résistance acharnée sur des positions depuis longtemps préparées.

F. B.

Nouvelles diverses publiées par les journaux

— M. Roume, ancien gouverneur de l'Afrique occidentale vient d'être nommé gouverneur général de l'Indo-Chine, en remplacement de M. Albert Sarraut, actuellement ministre de l'instruction publique.

— Un télégramme de Leyde annonce que des pêcheurs de Nordwyk ont vu, dans la nuit du 22 au 23 janvier, un dirigeable sombrer en mer, il y a tout lieu de croire que c'est un zeppelin.

— Six avions allemands ont survolé Dunkerque et les environs, dans la matinée du 22 janvier. Ils ont jeté 80 bombes sur la ville et la banlieue. On a à déplorer 25 victimes, neuf tués et seize blessés. Trois bombes ont atteint les consulats des Etats-Unis, de l'Uruguay et de Norvège, le consul des Etats-Unis a reçu plusieurs blessures. Un des avions a été descendu à Bray-Dunes, près de la frontière.

— Le « Cri de Paris » annonce que trois zeppelins qui se dirigeaient sur Paris, sont venus le 19 janvier jusqu'à Mantes. Ils ont été poursuivis par six avions et ils ont réussi à s'enfuir grâce au brouillard.

— On télégraphie de Melbourne qu'un croiseur anglais a coulé le 6 janvier, un vaisseau chargé d'approvisionner les croiseurs allemands.

— Les Allemands ont fait arrêter à Lubeck, M. Auguste Hersen, fondé de pouvoirs de la maison de quincaillerie Possehl et Cie, propriétaire d'une aciérie en Suède, sous l'inculpation d'avoir livré des minerais au Japon.

En Russie. — En Prusse orientale, dans la direction de Mlava, les troupes russes ont remporté quelques succès, sur le reste du front les attaques ont été repoussées.

Dans la Bukovine, les troupes autrichiennes continuent à se concentrer dans la direction de Soffermxit.

Malgré la neige, l'offensive russe est commencée sur tout le front de la Galicie, des Carpathes et de la Bukovine. Des combats se livrent à Mojok, Lynta et dans le comitat de Maramoros.

Le général allemand von Kukk, qui commande la place de Cracovie, a demandé des renforts, les forces dont il dispose étant insuffisantes pour résister aux Russes.

En Roumanie. — Il est question depuis quelques jours d'une protestation officielle allemande à Bucarest, contre les armements de la Roumanie, cette nouvelle n'a pas été confirmée dans les sphères officielles françaises, on ne croit pas à une semblable démarche qui aurait dû être faite par l'Autriche plutôt que par l'Allemagne.

Documents historiques, récits et anecdotes

Comment fut prise La Boisselle. — Les communiqués vous ont parlé plusieurs fois de La Boisselle qui, avant de rester entre nos mains, fut si violemment disputée par les deux armées. Nos troupes ont là accompli un brillant fait d'armes, et qui vaut la peine d'être conté avec quelques détails.

Le 16 janvier dès l'aube, nos positions de La Boisselle était soigneusement repérées, l'artillerie lourde allemande reprit son action. C'était le bruit caractéristique des projectiles de canons longs de 130 qui portent à plus de 14.500 mètres. Malgré leur poids, les Allemands avaient rendu ces pièces utilisables dans les terrains marécageux de Bapaume, au moyen de plateaux adaptés aux roues.

Mais ces projectiles, s'ils font grand bruit, ne font pas toujours grand mal; ils s'enfoncent pour la plupart sans exploser dans les monticules de terres molles. A 7 heures du soir les batteries allemandes se turent.

Néanmoins nous restions sur le qui-vive. Et bien nous en prit. Vers minuit le ciel fut tout à coup éclairé par des fusées lumineuses. Notre commandant comprit qu'une attaque était proche et prit ses dispositions.

Nous recevions l'ordre d'évacuer les premières tranchées qui, soigneusement repérées, allaient devenir le but immédiat des obusiers allemands à trajectoire courbée. Le gros de nos forces fut porté en arrière, sur la route de Bapaume à Cambrai, face au débouché éventuels des Allemands.

Le combat s'engage bientôt sur notre droite, devant un ouvrage isolé qui sert de poste d'observation. Contrairement à l'habitude, la canonnade allemande n'est pas immédiatement suivie d'action d'infanterie. Seuls, quelques paquets de forces ennemies se défilant dans la nuit semblent vouloir arriver à notre première ligne. Les nôtres, restés en soutien de l'ouvrage de droite bondissent l'arme au canon. Une violente mêlée s'engage et, de part et d'autre, on reçoit des renforts. Notre première ligne de tranchée que nous avions évacuée sur l'ordre de notre chef, saute avec fracas. Elle avait été minée par l'adversaire. Mais la perspicacité de nos chefs l'avait prévu. Aussi avons-nous eu peu de mal. Nous nous replions sur le gros de nos forces à l'abri des maisons.

Comme un ouragan, les Allemands se précipitent sur nos talons. Mais derrière les murs nos soldats fusillent l'ennemi à bout portant. Sur la grande route, nos mitrailleuses habilement dissimulées fauchent des sections entières. Mal renseignée, l'artillerie prussienne continue à battre le village, couvrant indistinctement de ses projectiles, les deux infanteries accrochées l'une à l'autre dans un corps-à-corps farouche.

Il est trois heures du matin. A notre gauche un régiment de dragons se rabattant sur le village, prend les Allemands à revers. Notre cavalerie combattant à pied, baïonnette au mousqueton, les premiers rangs la lance au poing, coupe en deux la colonne d'attaque ennemie. Le contingent allemand resté dans le village est anéanti. Le reste se retire en désordre. Successivement nous reprenons et nous dépassons nos tranchées de deuxième et de première ligne. Nous voici en terrain découvert. Il faut vite se retrancher, car l'artillerie allemande qui agissait en soutien redouble de violence. La mairie semble être le point de mire des explosifs. L'état-major de notre brigade est obligé de l'évacuer en hâte. Vers cinq heures, le dépôt de munitions situé dans une des dernières maisons du village est atteint par les projectiles et saute. Le feu prend, se propage, et le hameau n'est bientôt plus qu'un brasier. Force nous est d'évacuer.

Les Allemands pénètrent alors sur la grande route et ressortant par l'autre extrémité, s'établissent aux alentours. Le jour vient. Nous nous sommes retirés sur la route de Fricourt. Les Allemands s'efforcent d'éteindre l'incendie, les maisons leur étant nécessaires pour se maintenir dans le village. L'ennemi parvient à maîtriser le feu et à la jumelle nous le voyons organiser la défense. Mais vers 10 heures des renforts nous arrivent. Notre artillerie qui n'avait pu s'employer à fond entre en action, le village n'est bientôt plus qu'une ruine. A midi nos colonnes s'ébranlent pour la contre-attaque. Coûte que coûte il nous faut reprendre La Boisselle. Impossible d'avancer par bonds, cette plaine découverte en pays noir ne nous offrant pas d'abri.

Nous progressons dispersés et en rampant dans la boue. Nos soldats tirent couchés dans l'eau. Enfin, malgré le feu terrible des mitrailleuses, nous enlevons le village à l'arme blanche. Il nous faut prendre maison par maison... Vers 2 heures, La Boisselle est reprise. Le village n'est que ruines et cadavres. Nous sommes à nouveau maîtres de la route de Bapaume à Cambrai, notre débouché prochain vers l'Escaut. — (*Petit Journal*).

Dépêches officielles

Premier Communiqué

L'activité de notre infanterie a été, sur presque tout le front, consacrée à la réparation des dégâts causés dans nos travaux par le très mauvais temps des journées précédentes.

Nous avons progressé d'une centaine de mètres dans la région de Lombaertzyde.

Dans les secteurs d'Ypres, d'Arras, d'Albert, de Roye et de Soissons, combats d'artillerie au cours desquels, en plusieurs points, nous avons pris l'avantage.

Berry-au-Bac a été violemment bombardé par les Allemands.

Au nord-ouest de Beauséjour, l'ennemi a prononcé une attaque qui a été repoussée.

En Argonne, échec complet des Allemands à Fontaine-Madame, ainsi qu'il a été dit hier soir. Une attaque ennemie près de Saint-Hubert a donné lieu à un combat d'infanterie qui n'est pas terminé. Aux dernières nouvelles, nous maintenions partout nos positions.

Sur la Meuse, le tir de notre artillerie a obligé l'ennemi à évacuer un dépôt de munitions et a gravement endommagé ses passerelles en avant de Saint-Mihiel.

En Alsace, le combat d'infanterie continue dans la région d'Hartmannsweilerkopf. Le combat sous bois est très étroit et l'action ininterrompue.

Près de Cernay, la cote 425 a été attaquée sans succès par l'ennemi; plus au sud, nous avons progressé dans la direction du petit Kahlberg (au nord et près de Pont-d'Aspach).

Deuxième Communiqué

En Argonne, le combat a continué toute la nuit à Fontaine-Madame et à Saint-Hubert. Toutes les tentatives de l'ennemi ont été repoussées et le combat a repris ce matin.

On n'a pas encore de nouvelles des opérations de la journée sur ce point, non plus que de la lutte qui s'est poursuivie aujourd'hui à Harmannsweilerkopf.

---

24 JANVIER 1915

Progrès des Français en Haute-Alsace. — Combat naval dans la mer du Nord entre la flotte anglaise et la flotte allemande. Un croiseur allemand « le Blucher » est coulé et deux autres sont endommagés. — Des aviateurs anglais jettent des bombes sur des sous-marins allemands à Zeebrugge.

Situation des armées sur le front occidental

Les Allemands ont essayé, dans la journée d'hier, d'attaquer les positions que nous leur avions enlevées les deux jours précédents dans la région Nieuport-Lombaertzyde. Ils ont préparé leur attaque par un violent bombardement et ils se préparaient à donner l'assaut lorsque leurs troupes ont été dispersées par le feu de notre artillerie. Nous avons donc maintenu nos progrès dans la direction d'Ostende.

Vers Ypres on ne signale que des combats d'artillerie. Préparent-ils également une importante action d'infanterie? On serait tenté de le croire si on ajoutait foi aux nouvelles de Hollande qui affirment catégoriquement qu'il y a eu évacuation générale des troupes qui se trouvaient à la frontière hollandaise; que 40.000 hommes sont à Courtrai et que 15.000 sont sur le point de partir pour Ypres. En admettant qu'il soit exact que des mouvements de troupes s'opèrent en Belgique, il est peu facile de connaître le point du front où se rendent ces troupes; ce ne sont donc que de simples pronostics, que par expérience nous n'admettons qu'avec la plus grande réserve.

Les principaux combats d'infanterie se sont encore livrés hier en Argonne et en Alsace. Dans ces deux régions les combats sont violents et non interrompus. L'ennemi s'acharne à conquérir nos positions de Saint-Hubert, Fontaine-Madame et le Four-de-Paris et depuis deux jours les mêmes tranchées sont prises, perdues et reprises à nouveau, à la dernière heure nous restions maîtres de nos positions du Four-de-Paris et le combat paraissait momentanément terminé.

La bataille continue toujours en Alsace, au nord et au nord-ouest de Cernay. Les Allemands persistent dans leur tentative pour reprendre Thann. Après avoir échoué dans leur effort pour percer nos lignes au nord de Steinbach, ils ont cru trouver un point faible à Hartmannsweilerkopf, mais jusqu'à présent, ils n'ont pas été plus heureux, le dernier communiqué fait connaître que dans cette dernière région nous bordons les réseaux de fil de fer établis par l'ennemi. Autour d'Altkirch, les opérations restent stationnaires.

F. B.

Nouvelles diverses publiées par les journaux

— Un télégramme de l'amirauté anglaise fait connaître qu'un raid naval allemand a été arrêté ce matin dans la mer du Nord. Le croiseur allemand « Blücher » a été coulé, deux autres croiseurs ont reçu de graves avaries. Aucun bâtiment anglais n'a été coulé. Le combat commencé vers 9 heures 30 était terminé une heure après, 123' survivants du « Blücher » ont été recueillis. C'est une belle victoire anglaise.

— On annonce que l'aviateur français Montmain a été tué pendant un service de reconnaissance.

— Deux aviateurs navals britanniques, MM. Davies et Péarse ont survolé hier Zeebrugge, jetant 27 bombes sur deux sous-marins et sur les canons du môle. Un sous-marin a subi des avaries importantes. Au cours de sa reconnaissance l'aviateur Davies a été cerné par sept aéroplanes allemands mais il a réussi à s'échapper, il a été blessé au côté, sans gravité heureusement.

— Hier, vers cinq heures du soir, un aviateur français a volé au-dessus de Bruges, il a jeté des bombes sur des points militaires importants.

— Hier, 23 janvier, dans l'après-midi un taube a survolé Bailleul, il a été abattu à Flêtre par les canons anglais.

— On annonce de Pétrograd que deux aviateurs autrichiens sont entrés en collision à 200 mètres de hauteur. Les deux aviateurs se sont tués.

— Le vice-consul italien à Liège, M. Greppi, vient d'être condamné à deux mois de détention dans une forteresse, pour avoir aidé à la transmission de lettres de soldats belges à leurs familles. Le gouverneur général a grâcié M. Greppy qui a dû quitter la Belgique immédiatement.

— M. Millerand, ministre de la guerre, qui vient de faire un voyage à Londres, est arrivé hier soir à Paris.

En Russie. — On ne signale aucune opération importante sur le front de la Vistule. Les opérations se poursuivent en Hongrie. On apprend que dans la nuit du 21 au 22 janvier, les Russes ont fait sauter un pont que les Allemands avaient jeté sur la Ravka.

On annonce de Genève que la bataille du Dunajetz qui fut livrée en Galicie dans la région de Neu-Sandec fut particulièrement violente. Plus de 20.000 blessés autrichiens furent amenés à Cracovie, les Russes eux-mêmes éprouvèrent des pertes considérables. Dans cette région la situation est stationnaire.

En Turquie. — Un combat acharné se livre dans la région de Tchoroch, les troupes russes poursuivent les Turcs qui occupent des positions fortement organisées.

Les Russes ont coulé, près de Sinope, un vapeur à destination de Trébezonde qui avait à bord seize aéroplanes qui constituaient toute la flotte aérienne turque.

Documents historiques, récits et anecdotes

Nos dragons dans le bois Le Prêtre. — Longeant le cours de la Moselle, les dragons se sont glissés derrière la voie ferrée. Depuis huit jours, sans arrêt, les batteries allemandes arrosent le bois Le Prêtre; depuis huit jours, notre infanterie, malgré les marmites, s'est accrochée à la forêt. La première journée fut sanglante; notre ligne n'avait pas encore dépassé la route de Montauville. Là, un terrain à découvert, les obus nous prenaient de flanc. Il fallait avancer coûte que coûte et arriver aux taillis, malgré les mitrailleuses, malgré les fils de fer. Un beau soir, baïonnette au canon, nous avons atteint la lisière, 500 mètres! Il faut faire la guerre pour savoir la valeur des distances, 500 mètres à franchir bien en face de l'adversaire, avec devant soi la gueule des canons-revolvers et les mausers qui vous attendent derrière l'épaulement!

Au début de l'attaque, nous avions l'espoir de les surprendre. On avait attendu l'ombre, on s'était glissé en silence hors des tranchées et on avançait doucement en rampant. A peine avons-nous dépassé la route, que les salves crépitent en face. Il est trop tard pour reculer, ils nous ont vus, autant faire du bruit. « En avant, mes enfants. Vive la France ! »

Le chef est un grand homme, à la voix formidable. A son cri, d'autres cris répondent et le tambour bat la charge. Pas de clairons, ils sont morts. Seul, le bruit des baguettes sur le cuir, la pluie a détrempé la peau vibrante. Le roulement est sourd, lugubre, comme voilé par un crêpe, mais ce son suffit pour faire jaillir la « Marseillaise ». Celle-ci naît, s'élève, gronde et domine le fracas du combat.

Qui dira la griserie d'un chant dans la bataille? C'est ainsi qu'un soir, les lignards s'établirent à l'orée du bois Le Prêtre. On pioche, on creuse; le sous-bois est dénudé et pourtant protecteur, une tranchée s'organise, puis une autre; bientôt les pièces de Mousson cracheront en vain des projectiles gaspillés en pure perte. Nous sommes sous terre. Et sous terre, la bataille continue; on sape, on mine, mais avant de prendre une nouvelle offensive, il faut savoir ce qui se passe là-bas derrière, de l'autre côté des ouvrages ennemis. Les dragons, qui combattent en seconde ligne à pied, vont redevenir cavaliers. Les chevaux, à l'abri d'une écurie au toit de chaume, ont eu le temps de se reposer. A nouveau, ils sentent la selle, mâchent le mors. La patrouille qui s'aventure dans les lignes ennemies revient rarement indemne. Avant de partir, ceux-là ont serré la main des camarades.

La Moselle roule boueuse, grossie par les pluies. Le peloton, un quart d'heure durant, suit la rivière; un espace déboisé à gauche, où la forêt a été abattue par l'ennemi, marque la limite entre les deux fronts; les dragons avancent encore. Ça y est maintenant: ils sont dans les lignes prussiennes, plus de liaisons, plus de secours possible, ils n'ont plus à compter que sur eux seuls. La nuit est propice, mais au loin les feux de bivouac allemands; un rien peut trahir la petite troupe. Un cliquetis de sabre, le hennissement d'une monture. Il se fait tard déjà, les heures passent vite, malgré l'angoisse. Le chef, avant le départ, a dit: « Tâchez de ramener un prisonnier. »

La moitié du peloton est restée sur le bord de la rivière. Le bruit de l'eau qui coule, étouffera l'écho d'un renâclement de cheval. Six dragons, une baïonnette à la main, rampent dans les bois, et voilà que le destin les a conduits à deux pas d'un Prussien. La silhouette de l'ennemi est là, appuyée sur le fusil. D'un bond, les six hommes se sont jetés sur la sentinelle, l'ont immobilisée aux bras, aux jambes, au torse; une main s'est abattue sur sa bouche; un cri pourtant a eu le temps d'en sortir. Etreint, demi-étranglé, l'Allemand a été transporté jusqu'à l'endroit où attendent les chevaux. En croupe sur une bête, pas de danger qu'il bouge; le froid d'un canon de revolver sur la tempe.

Au galop! Il n'est que temps, l'enlèvement a fait du bruit. Dans la nuit, des formes courent; des appels, des commandements, des coups de feu; l'éperon dans le ventre des bêtes, les dragons vont grand train. Mais là-bas, sur la route un parti ennemi les attend. La lune s'est montrée, éclairant la troupe des fantassins qui barrent le chemin.

Forcer sur ce point serait perdre la moitié du peloton. Il faut voir vite, à la guerre! Guide à droite! Dans le sous-bois, les chevaux butent contre les racines, les branches fouettent le visage des cavaliers. On va quand même; encore un kilomètre et on sera hors de danger. Mais pour cela, il faut traverser un bivouac prussien. Qu'importe! Par-dessus les fossés, les chevaux bondissent, des tentes, des feux autour desquels les formes dormaient, on culbute tout, on écrase tout. Cette charge dans la nuit est si soudaine, si effarante, que les Allemands fuient; ils sont cent contre un, mais ils l'ignorent. Et voilà comment les dragons passent: ils ont passé... — (*Petite Gironde*).

Dépêches officielles

Premier Communiqué

Dans la région de Nieuport-Lombaertzyde, l'ennemi a préparé par un violent bombardement des nouvelles positions conquises par nous, une attaque qu'il n'a pas pu exécuter. Notre artillerie, en effet, a dispersé les rassemblements d'infanterie qui, baïonnette au canon, se préparaient à donner l'assaut. Autour d'Ypres, combats d'artillerie d'intensité variable.

Près du Rutoire (environs de Vermelles), notre artillerie a obligé l'ennemi à évacuer une tranchée avancée.

Dans la vallée de l'Aisne, nos batteries ont réduits au silence ou démoli plusieurs pièces allemandes; elles ont aussi obligé les avions ennemis à faire demi-tour et détruit des ouvrages près de Soupir et d'Heurtebise.

Près de Berry-au-Bac (cote 108) notre infanterie a enlevé une tranchée.

De l'Aisne à l'Argonne. Dans les secteurs de Prunay, Souain, Perthes, Beauséjour, Massiges et au nord de Ville-sur-Tourbe, tir continu et efficace de notre artillerie sur les ouvrages ennemis.

En Argonne: dans la région de Saint-Hubert et de Fontaine-Madame un combat d'infanterie se poursuit dans un élément de tranchée avancée qui a été plusieurs fois pris, perdu et repris depuis quarante-huit heures.

Entre la Meuse et les Vosges, un brouillard épais a empêché les opérations.

En Alsace: dans la région d'Hartmannsweilerkopf, nous avons, malgré l'extrême difficulté du terrain progressé sur notre droite. Près de Steinbach, une attaque ennemie, partie d'Uffholtz et préparée par un violent bombardement, s'était un instant rendue maîtresse d'une de nos tranchées avancées qui a été reprise par une vigoureuse contre-attaque.

Deuxième Communiqué

Bombardement intense par les Allemands de la région au nord de Sillebeke et vive fusillade près du château d'Herentag; pas d'attaques d'infanterie.

Quelques obus sur Arras; fusillade au nord de la ville.

Dans la région d'Albert, l'ennemi a lancé de nombreuses bombes sur La Boisselle, mais notre artillerie l'a obligé à cesser le feu; fusillade assez vive vers Carnoy.

En Argonne, les combats dans la région du Four-de-Paris ont pris fin; nous avons conservé toutes nos positions, sauf une cinquantaine de mètres de tranchée démolie par les grosses bombes de l'ennemi.

En Alsace, la lutte s'est poursuivie aujourd'hui dans la région d'Uffholtz et dans celle de Hartmannsweilerkopf où nous bordons les réseaux de fil de fer établis par les Allemands; pas encore de nouvelles de la journée.

25 JANVIER 1915

Progression des alliés à l'est de Saint-Georges (Belgique). — Capture d'un détachement bavarois à Embermenil. — Le monopole d'Etat des céréales est décrété dans l'empire allemand.

Situation des armées sur le front occidental

Nos troupes ont dû profiter hier du repos dominical car les communiqués d'aujourd'hui ne nous signalent rien d'important sur l'ensemble du front.

En dehors des traditionnels duels d'artillerie sur les

positions les plus importantes, trois attaques d'infanterie ont eu lieu, une en Belgique, l'autre en Champagne et une autre en Lorraine, aux deux ailes et au centre.

En Belgique nous dit-on nous avons progressé à l'est de Saint-Georges, c'est encore une légère avance sur Ostende, qui semble être l'objectif des alliés sur la mer du Nord.

Les journaux les plus sérieux et les mieux renseignés nous parlent encore aujourd'hui du suprême effort que l'armée allemande en Flandre a reçu l'ordre de tenter pour l'anniversaire du Kaiser.

Les Anglais prétendent qu'en leur qualité d'adversaires tout particulièrement détestés, ils auront à supporter le choc allemand face à Ypres avec prolongement dans le Sud. Ils basent leurs prévisions sur des renseignements de source militaires arrivés hier à la frontière et suivant lesquels les troupes allemandes concentrées dans la région de Courtrai atteindront demain 200.000 hommes.

En attendant les grosses opérations nous nous contentons des petites qui en sont la préparation. A Emberménil, dit le communiqué de 15 heures, nous avons surpris un détachement bavarois et fait des prisonniers. Il paraîtrait même, ce que le communiqué ne dit pas, que nos chasseurs ont fait sauter la gare afin d'empêcher les Allemands d'y envoyer leurs trains blindés venant d'Avricourt.

Les Allemands sont paraît-il profondément humiliés de ce que Thann soit devenu le chef-lieu d'une petite province alsacienne reconquise sur leurs troupes. Par ordre du kaiser, nous dit-on de Suisse, cette ville doit être reprise coûte que coûte. C'est sans doute pourquoi des combats sanglants ont été livrés la semaine dernière dans cette région, combats plutôt favorables aux français puisqu'ils ont occupé les localités de Balschwiler et Uberkumen, situées au nord-ouest d'Altkirch et qu'au nord de Thann, ils ont maintenu leurs positions. La brume a arrêté les opérations depuis hier.

F. B.

Nouvelles diverses publiées par les journaux

— La perte du sous-marin français « Saphir » que le ministre de la marine avait annoncé comme probable, vient d'être confirmée. Ce sous-marin après avoir réussi à franchir les Dardanelles jusqu'à hauteur de Nagara, fut obligé de plonger profondément pour éviter les lignes de torpille, il heurta le fond et se fit des avaries graves. Le sous-marin réussit à remonter à la surface mais il coula presque aussitôt, entraînant avec lui le commandant. Les 14 hommes de l'équipage, qui avait débarqué en totalité, ont été emmenés à Constantinople.

— Un avion allemand a survolé Dunkerque le 24 janvier, il a jeté deux bombes qui sont tombées dans un champ près de l'usine à gaz.

— Un aviateur français a atterri le 23 janvier près de Flessingue (Hollande). Il avait essuyé le feu des troupes allemandes pendant une reconnaissance en Belgique. Blessé, il fut dans l'obligation d'atterrir. Il a été interné à Flessingue.

— Les autorités anglaises ont remis au consul de France des prisonniers alsaciens faits par les Anglais durant les combats dans le Nord.

L'ex-khédive égyptien est arrivé à Divonne-les-Bains. Au lieu de se mettre à la tête de l'armée turque chargée de lui rendre son trône, il a préféré se mettre à l'abri des tentatives qui auraient pu être dirigées contre sa personne.

En Russie. — On ne signale rien d'important entre la Vistule et le chemin de fer de Mlava. Dans la région de la ferme de Borgimow les Allemands ont progressé légèrement.

En Galicie on constate une certaine activité de la part des Autrichiens dans la région des Carpathes orientales. Les Russes font de grands efforts pour pénétrer rapidement en Hongrie et aider les Serbes qui sont menacés d'une nouvelle invasion. Ils ont reçu dans cette région des renforts considérables venant du Turkestan.

Un officier allemand nommé Rudolphe Schmelsky vient d'être arrêté au moment où il voulait franchir la frontière roumaine, il était porteur de plans des fortifications de Varsovie et d'autres documents importants. On l'a envoyé à Odessa pour être jugé comme espion.

En Turquie. — On apprend qu'un attentat a été commis dernièrement contre von der Goltz, à Constantinople. On aurait tiré sur le maréchal qui aurait été atteint. Au même moment, plusieurs autres officiers auraient été attaqués.

Les Turcs et les Allemands seraient du reste mécontents les uns des autres. Chaque parti accuse l'autre d'être responsable de la défaite turque dans le Caucase. Enver Pacha dit que le plan de campagne a été mal conçu par Liman von Sanders et ce dernier déclare qu'il a été mal exécuté par Enver Pacha.

Documents historiques, récits et anecdotes

Est-ce vous, mon capitaine, qui garderez mon créneau? — Ces jours derniers, dans la région d'Albert, le général commandant l'armée du secteur est informé qu'un élément de tranchée était devenu intenable à cause de l'envahissement des eaux. Il charge un officier de son quartier général d'aller sur place et de remédier à la situation.

Dans le « boyau » qui conduit à la tranchée de première ligne, l'officier, un capitaine, rencontre un homme occupé à s'envelopper la jambe d'un linge qui fut blanc.

— Qu'avez-vous, mon garçon? demande l'officier.

Et le soldat d'expliquer que, dans la nuit précédente, en réparant un réseau de fil de fer, il s'est fait une égratignure.

— Allez, mon ami, au poste de secours le plus voisin et faites-vous panser.

L'homme ne veut rien entendre. L'officier insiste, puis ordonne.

Alors le soldat, qui a repris son fusil, regarde l'officier fixement, et lui dit:
— Est-ce vous, mon capitaine, qui garderez mon créneau?

Dépêches officielles

Premier Communiqué

En Belgique, nous avons légèrement progressé à l'est de Saint-Georges. Sur le reste du front, duel d'artillerie.

De la Lys à l'Oise, canonnade intermittente.

Sur le front de l'Aisne, rien à signaler, sauf toutefois à Berry-au-Bac, où une contre-attaque ennemie a été repoussée hier matin. Les tranchées disputées restent donc en notre pouvoir.

En Champagne, nous avons démoli plusieurs ouvrages et abris des Allemands.

En Argonne, dans le bois de la Gruerie, une très vive fusillade a été arrêtée par le tir efficace de nos batteries.

Sur la Meuse, la destruction des ponts de Saint-Mihiel par notre artillerie a été achevée.

En Lorraine, à Emberménil, nous avons surpris un détachement bavarois et lui avons fait des prisonniers.

Dans les Vosges et en Alsace, brume intense.

Deuxième Communiqué

Rien à signaler.

Le 17ᵉ fascicule paraîtra incessamment.

Réclamer les fascicules précédents.

www.ingramcontent.com/pod-product-compliance
Lightning Source LLC
LaVergne TN
LVHW051508090426
835512LV00010B/2406